长泽龟之助的
中等数学教材编译研究

A Study on Compilations and
Translations of Teaching Materials
by Kamenosuke Nagasawa
of Mathematics for High Schools

徐喜平 著

科学技术文献出版社
SCIENTIFIC AND TECHNICAL DOCUMENTATION PRESS
·北京·

U0657736

图书在版编目（CIP）数据

长泽龟之助的中等数学教材编译研究 / 徐喜平著. —北京：科学技术文献出版社，2018.11

ISBN 978-7-5189-4827-7

Ⅰ.①长…　Ⅱ.①徐…　Ⅲ.①中学数学课—教材—编译—研究—日本

Ⅳ.① G633.602　② G423.3

中国版本图书馆 CIP 数据核字（2018）第 221877 号

长泽龟之助的中等数学教材编译研究

策划编辑：李　蕊　　责任编辑：李　晴　　责任校对：张吲哚　　责任出版：张志平

出　版　者	科学技术文献出版社	
地　　　址	北京市复兴路15号　邮编 100038	
编　务　部	(010) 58882938，58882087（传真）	
发　行　部	(010) 58882868，58882870（传真）	
邮　购　部	(010) 58882873	
官方网址	www.stdp.com.cn	
发　行　者	科学技术文献出版社发行　全国各地新华书店经销	
印　刷　者	北京时尚印佳彩色印刷有限公司	
版　　　次	2018 年 11 月第 1 版　2018 年 11 月第 1 次印刷	
开　　　本	710×1000　1/16	
字　　　数	171千	
印　　　张	12	
书　　　号	ISBN 978-7-5189-4827-7	
定　　　价	48.00元	

序

中日科学文化联系历史悠久，数学交流源远流长。明治大正时期民间数学教育家长泽龟之助(1860—1927)编译撰著了多种数学著作，在半个多世纪内对日本和中国的数学教育产生了一定影响，成为近代科学传播和数学教育史关注的对象。

徐喜平著《长泽龟之助的中等数学教材编译研究》一书首次全面收集、整理了长泽龟之助在长达40年的时间内编译和撰写的90余种中等数学教材，并以此为研究对象，应用文献分析、比较研究等方法，通览长泽翻译的西方数学著作和他编撰的教科书、习题集和参考书，阐述他引进教材新内容的创新之举，分析他编译中等数学教材的若干特点。在此基础上，总结长泽对日本中等数学教育的贡献，介绍长泽的数学教科书译成中文在华传播情况，以及其与中国数学家的交往，从而对他在日本中等数学教育界的地位、对当时中国数学教育的影响做出较为客观的评价，这是该书的一个亮点。

公元1868年，明治维新是日本近代化的起点，向西方学习，求知识于世界，促成近代教育体系的建立及科学知识的普及，均产生了重要的影响。其中，中等数学教育又起到承上启下、提高全社会科学文化水平的作用。《长泽龟之助的中等数学教材编译研究》一书全面研究了长泽龟之助的中等数学教材，阐述了明治大正时期日本中等数学教材的引进、翻译及其改编状况，说明日本传统数学"和算"和西方数学碰撞、接轨过程中存在的问题及其解决途径：如数学术语的确定、数学符号的表述、印刷数学书从竖排转为横排等。该书从翻译史的角度分别探讨了这些问题，指出当时学者们统一数学术语的基本方法，讨论长泽在确定术语方面的贡献。随着教科书翻译质量的提高，能够更多地借鉴西方教科书的长处，教材体系、编排方式和内容表述等方面得到改进，从而获得社会的认可，广为流传。可以说优秀的翻译工作是长泽的数学教材取得成功的重要基础，这一经验足资借鉴。

从世界数学教育史的角度来看，在公元 1900 年前后各 20 年的时间内，数学得到大传播、大普及，特别是在亚洲，中日间数学教育积极互动，体现了两国民间交流的正常关系，也表现出民间数学家长泽的重要作用。然而对于长泽的历史贡献，学界并未给予足够重视，对长泽的研究迄今存在不足。该书以探讨科学交流为目标、以教材传播为中介、以数学家交往为线索，阐述百年前长泽龟之助在中日友好方面的努力，他对中国数学教育的贡献，视野开阔，资料翔实，体现了历史性和客观性，对于认识东亚数学教育史，具有学术意义和实用价值。

罗见今

2018 年 7 月 24 日

目　　录

第 1 章 引 言

1.1 研究背景

从 1868 年开始，日本通过明治维新等一系列西化政策逐渐走上了资本主义的发展道路，无论从政治、经济体制还是从文化教育、社会生活上都开始全面接受西方的发展模式。在数学教育方面，明治五年（1872），文部卿大木乔仁（1832—1899）以法国教育模式为基础颁布了学制，规定全国设立大、中、小学区的数量，各级学区学校的数量，教授科目及学习年限，从小学到大学都采取"和算废止，洋算专用"的教学原则。[①] 日本教育从此迈开了走向近代化的第一步。

为了促进日本数学的普及与发展，在数学家神田孝平和柳楢悦的倡导下，明治十年（1877），东京数学会社成立，成员有川北朝邻（1840—1919）、远藤利贞（1843—1915）、福田理轩（1815—1889）、大村一秀（1824—1891）等和算家，也有中牟田仓之助（1837—1916）、赤松则良（1841—1920）、中川将行（1848—1897）、荒川重平（1851—1933）、菊池大麓（1855—1917）等洋算家，还有上野清（1854—1924）、长泽龟之助（Kamenosuke'Nagasawa，1860—1927）

---

① 小倉金之助. 明治時代の数学——日本における近代数学の成立過程［M］//国民学術協会. 学術の日本. 東京：中央公論社，1942：40.

等民间数学教员。① 他们对日本数学近代化和数学教育的发展都做出了重要贡献。

在逐渐接受西方数学的过程中，起主导作用的是以菊池大麓和藤泽利喜太郎（1861—1933）为首的大学派。1877 年，菊池大麓回到日本，直接参与了东京数学会社的创立工作，后在《东京数学会社杂志》上大量投稿介绍西方数学知识，对日本数学教育西化多有贡献。同年，东京开成学校改称为东京大学，菊池大麓开始在该校任教，成为大学派的代表人物。1887 年，留学归国的藤泽利喜太郎到东京大学任教，以菊池大麓和藤泽利喜太郎为首的大学派就此形成，其在推进日本数学和西洋数学接轨、日本数学教育西化方面发挥了重要作用。② 大学派翻译了大量西方数学书籍，还在《东京数学物理学会记事》上发表论文，推进日本数学研究。与此同时，他们还编撰了多种中小学教科书，一些民间数学教育者和中学教员也参与其中，③ 推进了基础数学教育的发展。

据萨日娜④调查，当时使用较多的教科书多为菊池大麓、藤泽利喜太郎等大学派的数学教师所编，大学派居于主导地位。⑤ 他们的工作已有多位中日学者做过研究，著述颇多，从中也可以看出，他们的贡献主要体现在高等数学教育、现代数学研究、完善教育制度及编撰教科书等方面。显然，不可能苛求大学派的工作能涵盖日本的全部数学教育。而民间数学家长泽龟之助编撰的教科书却涉及中等教育、女子教育、实业教育等众多领域。③而且长泽龟之助还时刻关注当时中等教育的现状和教授要目的改革，并根据各中学教员的建议和教授要目

---

① 萨日娜. 清末中国と明治期の日本における西洋数学の受容：両国間の文化と教育における交流を中心に［D］. 东京：东京大学大学院総合文化研究科，2008：91－98.

② 丘成桐. 从明治维新到二战前后中日数学人才培养之比较［J］. 高等数学研究，2010，13（2）：2－7.

③ 佐藤英二. 高等女学校用の数学の出現とその変化：中学校用教科書との比較検討［J］. 东京大学大学院教育学研究科紀要，1999（39）：393－401.

④ 萨日娜. 清末中国と明治期の日本における西洋数学の受容：両国間の文化と教育における交流を中心に［D］. 东京：东京大学大学院総合文化研究科，2008：156－157.

⑤ 丘成桐. 清末与明治维新时期数学人才引进之比较［J］. 西北大学学报（自然科学版），2009，39（5）：722－725.

的规定不断改进自己的教科书，以适应新的教学情况。

　　在大学派编撰的中等数学教科书中，菊池大麓主要是几何学和三角法，藤泽利喜太郎主要是算术和代数，而长泽龟之助所编涵盖了算术、代数、几何、三角等所有数学科目，所译数量也非常之多。经过笔者多方查找，在日本友人的帮助下，目前搜集到的长泽龟之助翻译编撰的数学教科书、参考书和习题集不同版本总数就达 230 种之多。①可见，作为明治大正时期的一位民间数学教育家，长泽龟之助对当时数学教育的贡献之巨。

　　由上可知，无论是大学派还是民间派在日本数学教育近代化的过程中都做出了各自的贡献，只不过侧重点有所不同。民间数学家主要在一线从事基础教育，更了解实际情况，因此，他们编撰的教科书更能反映当时学校及学生的需求，所以本项研究不仅需要进一步厘清他们在当时日本教育中的作用，而且还有必要全面探讨明治时期日本中等数学教育的多样性和各方促进因素。

1.2　前人相关工作综述

　　明治维新时期是逐渐摆脱和算束缚、推动日本数学和西方数学接轨的重要时期，众多数学家、学者和教师都做出了重要贡献。有关数学史的研究较多，其中和长泽龟之助相关的论著主要有：周达的《日本调查算学记》②，其中详细记载了 20 世纪初日本的数学家、数学书及数学教育状况，还特别记录了周达和上野清、长泽龟之助的对话，为认识长泽龟之助的数学思想提供了翔实资料。清水达雄的《長澤龟之助——明治期の数学の伝播者》③ 和井上义夫的《1 世紀前の数学の現代化と数学書の横書き：長澤龟之助先生のこと》④，简要介绍了

---

① 个别教科书存在不同版次的区别。
② 周达. 日本调查算学记 [M]. 上海：中西书局，1903：7 – 52.
③ 清水達雄. 長澤龟之助：明治期の数学の伝播者 [J]. 数学セミナー，1988，27（3）：56 – 60.
④ 井上義夫. 1 世紀前の数学の現代化と数学書の横書き：長澤龟之助先生のこと [J]. 日本数学教育学会誌，1975，57（6）：75.

长泽龟之助翻译西方数学著作和数学书横排方面的贡献。萨日娜在《清末中国と明治期の日本における西洋数学の受容——両国間の文化と教育における交流を中心に》① 的第 6 章论述了长泽龟之助对汉译西书中数学内容的介绍及他在数学术语方面的贡献。冯立昇的《中日数学关系史》②《周达与中日数学交往》③，代钦的《数学教育与数学文化》④，李春兰、代钦的《长泽龟之助对中国近现代数学教育的贡献》⑤，闫晓民的《〈代数学辞典〉中译本研究》⑥ 等，论述了长泽龟之助的重要工作，这些论著也是本论文开展研究的重要基础。

　　日本学者研究长泽龟之助工作的论著较多，《日本の数学 100 年史（上）》⑦《幕末・明治初期数学者群像（下）》⑧ 不仅详细论述了日本明治时期的数学教育状况，还研究了长泽龟之助的生平及其部分数学翻译和教科书编撰工作。伊达文治的《数学教育における文化的価値に関する研究：日本の数学教育が形をなす時代について》⑨《数学教育における文化的価値に関する研究：西洋数学受容による数量概念の変容について》⑩、佐藤英二的《高等女学校用の数学の

---

① 萨日娜. 清末中国と明治期の日本における西洋数学の受容：両国間の文化と教育における交流を中心に［D］. 東京：東京大学大学院総合文化研究科，2008：140-146.

② 冯立昇. 中日数学关系史［M］. 济南：山东教育出版社，2009：280.

③ 冯立昇. 周达与中日数学交往［J］. 自然辩证法通讯，2002，24（1）：68-71.

④ 代钦. 数学教育与数学文化［M］. 呼和浩特：内蒙古教育出版社，2013：229-238.

⑤ 李春兰，代钦. 长泽龟之助对中国近现代数学教育的贡献［J］. 数学教育学报，2014（2）：49-52.

⑥ 闫晓民.《代数学辞典》中译本研究［D］. 呼和浩特：内蒙古师范大学，2012.

⑦ 日本の数学 100 年史編集委員会. 日本の数学 100 年史（上）［M］. 東京：岩波書店，1983：45-224.

⑧ 小松醇郎. 幕末・明治初期数学者群像（下）［M］. 京都：吉岡書店，1990：335-344.

⑨ 伊達文治. 数学教育における文化的価値に関する研究：日本の数学教育が形をなす時代について［J］. 数学教育学研究，全国数学教育学会誌，2009，15（2）：115-127.

⑩ 伊達文治. 数学教育における文化的価値に関する研究：西洋数学受容による数量概念の変容について［J］. 数学教育学研究，全国数学教育学会誌，2011，17（1）：17-33.

出現とその変化：中学校用教科書との比較検討》①、田中伸明和上恒
渉的《明治後期における中等学校数学教科書の様相》②、公田藏的
《明治前期の日本において教えられ、学ばられた幾何》③、国次太郎
的《我が国の数学教育について——数学教育史外観》④，重点介绍
了明治时期日本数学教育及数学教科书的编撰情况。安藤洋美的《日
本における確率論史》⑤《明治数学史の基礎工事》⑥《Issac Todhunter
について》⑦、中塚利直的《プロバビリテーの訳語の歴史》⑧、山口
清的《藤沢利喜太郎"数学二用イル辞ノ英和対訳辞書"につい
て》⑨ 对明治时期日本数学术语的统一及长泽龟之助的译语统一工作
做出了评述。长泽龟之助丰富的生平事迹及对数学教育的贡献，可以
从这些论著中得到更多的了解。

　　魏庚人、李俊秀、高希尧的《中国中学数学教育史》⑩，陈婷的
《20 世纪我国初中几何教科书编写的沿革与发展》⑪，毕苑的《汉译日
本教科书与中国近代新教育的建立》⑫，李春兰的《中国中小学数学

───────────────

　　① 佐藤英二. 高等女学校用の数学の出現とその変化：中学校用教科書との比較検討
[J]. 東京大学大学院教育学研究科紀要. 1999 (39)：393－401.
　　② 田中伸明，上恒渉. 明治後期における中等学校数学教科書の様相 [J]. 三重大学
教育学部研究紀要. 2015，66：309－324.
　　③ 公田藏. 明治前期の日本において教えられ、学ばられた幾何 [J]. 数学解析研究
所講究録，2006，1513：188－203.
　　④ 国次太郎. 我が国の数学教育について：数学教育史外観 [J]. 広島経済大学研究
論集，2008，31 (1)：1－10.
　　⑤ 安藤洋美. 日本における確率論史 [J]. 桃山学院大学経済経営論集，2010，51
(3/4)：391－422.
　　⑥ 安藤洋美. 明治数学史の基礎工事 [J]. 桃山学院大学人間科学，2000 (19)：1－90.
　　⑦ 安藤洋美. Issac Todhunterについて [J]. 総合研究所報，1981，7 (1)：23－31.
　　⑧ 中塚利直. プロバビリテーの訳語の歴史 [J]. 経営と制度，2008，6 (1)：65－87.
　　⑨ 山口清. 藤澤利喜太郎"数学二用イル辞ノ英和対訳辞書"について [J]. 九州
産業大学国際文化学部紀要，1998 (11)：115－134.
　　⑩ 魏庚人，李俊秀，高希尧. 中国中学数学教育史 [M]. 北京：人民教育出版社，
1989.
　　⑪ 陈婷. 20 世纪我国初中几何教科书编写的沿革与发展 [D]. 重庆：西南大学，
2008.
　　⑫ 毕苑. 汉译日本教科书与中国近代新教育的建立 [J]. 南京大学学报，2008 (3)：
92－105.

教育思想史研究》①，张伟的《中国近代中学代数学教科书发展史研究》②，吴小鸥的《晚清留日学生与中国现代教科书发展》③，则侧重于长泽龟之助对中国数学教育的影响，为本书的撰写提供了思路与参考。

代钦④、李春兰⑤、小仓金之助⑥、佐藤英二⑦、公田藏⑧、矢岛敬二⑨、上野健爾⑩、根生诚等学者，对菊池大麓和藤泽利喜太郎的数学教育思想和影响进行过探讨，对本书的研究颇具启发性。

上述研究各有千秋，但较为分散，缺乏针对长泽龟之助成就的专题分析。由于研究者视野的不同，以往研究还存在一些薄弱环节，故在充分汲取前辈学者的研究成果，以及进一步拓展、深化研究内容的情况下，本书主要关注以下几个问题。

①有关长泽龟之助生平业绩的历史资料尚需进一步调查。目前学界有关长泽龟之助生平业绩的介绍多取自周达与清水达雄的叙述和调查，需要利用更多的资料对其生平业绩进行补充丰富，从而厘清长泽龟之助在各个时期的工作重点。

②长泽龟之助的翻译与编撰工作尚需分别研究。长泽龟之助编译

① 李春兰. 中国中小学数学教育思想史研究 [D]. 呼和浩特：内蒙古师范大学，2010.

② 张伟. 中国近代中学代数学教科书发展史研究 [D]. 呼和浩特：内蒙古师范大学，2011.

③ 吴小鸥. 晚清留日学生与中国现代教科书发展 [J]. 高等教育研究，2011，32 (5)：89-96.

④ 代钦. 王国维与我国近代数学教育 [J]. 内蒙古师范大学学报（教科版），2006，19 (5)：70-72.

⑤ 李春兰，代钦. 藤泽利喜太郎及其对中国数学教育的影响 [J]. 数学教育学报，2009，18 (3)：66-69.

⑥ 小倉金之助. 明治時代の数学：日本における近代数学の成立過程 [M] //国民学術協会. 学術の日本. 东京：中央公論社，1942：14-108.

⑦ 佐藤英二. 菊池大麓の数学教育構想 [J]. 数学教育史研究，2004 (4)：30-34.

⑧ 公田蔵. 藤澤利喜太郎の数学教育思想（数学史の研究）[J]. 数理解析研究所講究録，2009，1625 (1)：254-268.

⑨ 矢島敬二. 19世紀末における藤澤利喜太郎の算術教育論（科学史入門）[J]. 科学史研究：第Ⅱ期，2004，43 (232)：243-246.

⑩ 上野健爾. 日本の数学の流れ (4) 藤澤利喜太郎 [J]. 数学のたのしみ，2005 (春)：118-125.

的书达上百种，翻译、编撰教科书及教学参考书的具体科目还需要进行准确、细致的整理和分析。

③长泽龟之助对中等数学教育的贡献属于教育思想和实践范畴，有待进行深入研究。其涉及诸多方面：既有普通教育，又有女子、实业教育；内容包括算术、几何、代数、三角等基础学科；在日、中两国均受欢迎，影响面大，须综合探讨其教学特点。

上述各点，都表明本书选题的必要性，也是本书需着力解决的问题。

1.3　研究内容与方法

①在前人工作的基础上，通过长泽龟之助编译的各种教材及中日两国的相关文献厘清长泽龟之助在各个时期工作的侧重点，进一步充实丰富对长泽龟之助生平业绩的叙述。

②搜集整理长泽龟之助翻译、编撰的中等数学教材，以及被翻译为中文的中学数学教科书。目前已经整理的长泽龟之助的译著 22 本（附表 1）；由其编撰的教材和习题集 64 本，其中代数 16 本、几何 18 本、三角 11 本、算术 19 本（附表 2 至附表 5）；数学辞典 10 本（附表 6）；译为中文的教科书 20 本（附表 7）。通过整理分析长泽龟之助译著中的数学术语，厘清他翻译时借用数学术语的来源及创新；通过对其所用术语的分析，探究明治时期日本统一数学术语过程中长泽龟之助所起的作用。此外，还将考察长泽龟之助翻译的西方教科书和他自己编撰的教科书的内容，阐明他编书时主要受了西方哪些数学家的影响，以及他在此基础上又有哪些创新和改进。

③对长泽龟之助翻译和编撰的中等数学教材进行个案研究，分析总结长泽龟之助编译数学教材的特点，并在前人工作的基础上，全面客观地评价他作为民间数学教育家在日本中等数学教育中的贡献。

本书采取的主要研究方法有文献分析法、比较法、图表法等。

1.4　研究意义及创新点

本书选题的确定，建立在以下几个方面的认识基础之上。

①中国和日本是一衣带水的邻邦，且都是有一定影响力的大国。在几千年的历史时期内，日本接受中国文化，两个国家进行了卓有成效的文化交流。1868 年后，日本开始大规模向西方学习，走向近代化的道路，曾形成了危害中国国家安全的策源地。研究日本近代史上科学发展的历程是科学技术史的一项重要工作，需要从战略高度去认识这项研究的意义。

②明治维新是日本近代化的起点，对于教育体系的建立和科学知识的普及发挥了极其重要的影响，其中中等数学教育又起到了承上启下的作用，是本书研究的重点。当人才的培养和知识的积累达到一定程度，就会对历史发展的全局产生巨大影响。例如，1905 年的日俄战争以日军胜利、俄军失败告终，分析其原因，军队的文化水准不同即为因素之一。"日本天皇总结日俄战争经验时说，要感谢日本的小学教师。因为明治维新后，日本普及了小学教育。沙俄军队多是由农奴组成的，几乎全是文盲"（刘亚洲文）。因此，需要深入认识历史上日本的科学教育和数学教育，而长泽龟之助的工作，不啻为一典型案例。

③21 世纪以来，随着国家和民族的崛起，我国教育正面临着经济社会的巨大压力和前所未有的挑战，需要借鉴全球经济、社会发达国家已经成熟的经验，并汲取历史上失败的教训（如 1960 年代的"新数运动"）。1900 年前后 20 年，日本长泽龟之助在中等数学教育方面取得了成功，并对当时中国数学教育产生了一定影响，这些都给我们以启示，有助于数学教学改革的实施。因此，本项研究不仅仅具有教育学的意义，也将给教学改革提供历史素材。

④从世界数学教育史的角度来看，在 1900 年前后各 20 年的时间里，是数学得到大传播、大普及的时代，特别是在亚洲，中日间的数学教育互动，不仅体现了两国民间交流的正常关系，也彰显了民间数

学家长泽龟之助的重要作用。但在学界未给予足够重视的情况下，对长泽龟之助的研究，即使在日本也存在不足。本书体现了本研究的历史性和客观性，对于东亚数学教育，具有学术意义和实用价值。

本书的创新点表现在以下方面。

①笔者通过各种途径收集到长泽龟之助翻译、编撰的 95 种数学教科书、参考书、字典、习题集等原始资料，通读各书，阐明长泽龟之助在各个时期的工作重点，并指出长泽龟之助在不同时期对日本数学教育的贡献。

②通过前人的研究成果和原始资料，具体分析长泽龟之助时代的学术背景并对长泽龟之助的生平及翻译西方数学书的工作进行系统梳理和介绍，分析长泽龟之助在引进西方数学教科书和日本数学术语统一方面的贡献。

③阐述长泽龟之助编撰百余种中等数学教材的成就，总结其特点和影响，分析长泽龟之助的数学教育思想，评价他对数学教育的历史贡献。

第2章 长泽龟之助的生平业绩

2.1 长泽龟之助时代的数学教育状况

1878 年，长泽龟之助从长崎师范学校毕业，此时正值日本明治维新轰轰烈烈进行的时期。在明治天皇睦仁（Mutuhito，1852—1912）主导下开展的明治维新不仅是一场政治革命，也是一场社会变革。从庆应三年（1867）十二月开始发出"王政复古"宣言到明治元年（1868）"五条誓文"的颁布，再到明治四年（1871）"废藩置县"的实施，民众要求的"废除封建等级制度""四民平等"的口号在明治五年（1872）之前基本都被接受，此时，日本迈出了资本主义生产关系取代旧封建生产关系的第一步。与此同时，在教育领域，日本近代著名的启蒙思想家、明治时期杰出的教育家、日本著名私立大学庆应义塾大学的创立者福泽谕吉（Yukiti Fukuzawa，1835—1901）倡导洋学教育，对日本教育的西化起到了巨大的推动作用。所谓"洋学教育"其实就是实学教育，就是学习西方科学知识的教育。[①] 福泽谕吉的教育思想在明治前期对日本教育具有指导作用，明治五年颁布的学制就是对这一思想的一个诠释。

提到明治时期，人们首先会想到 1868 年。也许从划分历史时代

---

① 小倉金之助. 日本教育史：一つの文化形態に関する歴史的研究 [M]. 東京：岩波書店，1932：297.

的角度考虑，1868 年确实就是一个分界点，但是如果从某一领域的发展来看，无须将联系的历史进程隔断。数学教育也一样，它是一个逐渐发展的过程。其实，日本从江户时期就开始通过汉译西洋数学书和兰学来学习西方数学知识。到了明治时期，日本不仅直接引进西学，政府于明治四年（1871）还设立了文部省来统辖全国教育。明治五年（1872），文部卿大木乔任模仿法国学校制度颁布学制，规定了日本全国整齐划一的教育体制和"和算废止、洋算专用"的教学原则。当时日本被划分为 8 个大学区、256 个中学区和 53 760 个小学区，其规定6 岁以上学童必须入小学学习，如到学龄不入学需向所在学区说明理由。① 从此日本的数学教育摆脱了官学、藩校、寺子屋的等级区别，每个人都开始享有平等的受教育权利。

按照学制规定，小学阶段为 8 年，分下等小学（6 ~ 9 岁）和上等小学（10 ~ 13 岁）。下等小学主要开设的课程有缀字、习字、单语、会话、读本、修身、书牍、文法、算术、养生法、地理大意、体操、唱歌。上等小学除开设下等小学的课程之外，还开设史学大意、几何学卦画大意、博物学大意、化学大意。

由此可知，下等小学开设算术，上等小学除开设算术之外还开设了几何。算术、几何各分为 8 个级别，其中八级最低，一级最高。每个级别开设的学习时间为半年，算术每周 8 个学时，几何除一级为每周 8 个学时之外，其余级别均为每周 6 个学时。算术主要教授比较简单的加减乘除、分数、比例、差分等，而几何则主要教授一些简单的几何图形。由于整齐划一的《小学教则》超越了当时日本的数学实际，导致了数学教育过度、教科书不足、洋算教师缺乏的窘境，所以在明治六年（1873），文部省不得不修改《小学教则》：

①全年级算术、几何的授课时数每周减少 2 小时。

②算术中洋算和珠算同时教授。

《小学教则》的修改反映了当时日本数学教育的诸多问题。虽然

---

① 小倉金之助. 日本教育史：一つの文化形態に関する歴史的研究 [M]. 東京：岩波書店，1932：299.

珠算教育有利于推进当时日本小学算术教育的顺利开展，缓解教学中的问题，但洋算取代和算已经成为不可逆转的历史潮流。

按照学制规定首设中学，学制 6 年，也分为下等中学（14～16岁）和上等中学（17～19岁）。下等中学主要开设的课程有国语、数学、习字、地学、史学、外语、理学、画学、古言学、几何学、记簿法、博物、化学、修身、测量、奏乐。而上等中学主要开设的课程有国语、数学、习字、外语、理学、卦书、古言学、几何、代数、记簿法、化学、修身、测量经济学、重学、动植地质矿山学。

其中，数学教学内容包括算术、代数、几何、三角等，教学内容也较小学更加深入。虽然《中学教则》如是规定，但由于中学教员和教科书缺乏，甚至连京都都没有开设中学，有中学的地方也没有按照《中学教则》进行教学，很多中学甚至沦为外籍教师利用外国教材授课的"外语学校"。

当时的大学也非常贫弱，大学南校在明治五年成了第一大学区的第一中学，而明治六年再次改为大学南校，明治七年改为东京开成学校，明治十年才和东京医学校合并为东京大学。学制颁布时大学几乎没有教授专业数学的外籍教师，而真正开始教授专业数学则始于明治七年东京开成学校的物理学专门科，其具体开设课程如表 2-1 所示。

表 2-1 东京开成学校的数学课程

普通科（3 年）			物理学专门科（3 年）		
第 1 年	第 1 期	代数、几何	第 1 年	第 1 期	代数追补、平面代数几何
	第 2 期	代数、几何		第 2 期	立体代数几何、画法几何
第 2 年	第 1 期	代数、几何	第 2 年		高等代数、微分
	第 2 期	几何			
第 3 年	第 1 期	三角法及应用	第 3 年		——
	第 2 期	圆锥曲线法、解析几何			

当时的数学课程由法国教师教授，直到明治十年东京大学成立，

以法语为中心的物理学专门科改为以英语为中心的数学、物理、星学学科时，数学的专业性才逐渐增强。

可见，在明治初期日本数学教育随着学制的颁布逐渐走上了和西方接轨的道路。但这一过程非常曲折，主要就是西方教学模式取代传统数学教育所面临的经验不足、教员、教科书缺乏及传统教学思想的抵制。从学制颁布到明治十年左右，面临的主要问题之一就是教科书缺乏，而当时解决的主要办法就是翻译西方教科书。所以日本进入了大量引进英美数学著作的大翻译时代。按照小仓金之助的论述，从明治五年学制颁布到明治十二年教育令实施之前的数学翻译为日本翻译时代的第 1 期，主要以翻译美国的戴维斯（Charles Davies，1797—1876）和罗宾逊（Horatio N. Robinson，1806—1867）的数学书为主。从明治十二年到明治十九年中学校令的颁布为翻译的第 2 期，主要翻译英国数学家突兑翰多尔（Isaac Todhunter，1822—1884）（以下简称突氏）的著作。① 长泽龟之助就是在这个时期开始了他的翻译之路。突氏的许多著作都是经过长泽之手译介到日本。

随着西方数学著作在日本的翻译出版，数学知识的不断积累，日本的一些数学家开始按照日本的教学实践编撰适合本国教育的教科书和参考书。明治十九年之后，日本国人自编的数学教科书开始增多，主要有：

菊池大麓编《平面几何学教授条目》（博文社，1887 年）；

菊池大麓编撰《初等平面几何学教科书》（文部省编辑局，1887 年）；

菊池大麓编撰《初等几何学教科书（立体几何学）》（文部省编辑局，1889 年）；

菊池大麓编撰《几何学小教科书》（大日本图书，1899 年）；

寺尾寿编撰《中等教育算术教科书》（上、下）（敬业社，1888 年）；

长泽龟之助《中等几何学初步教科书》（数书阁，1894 年）；

---

① 小仓金之助. 日本教育史：一つの文化形態に関する歴史的研究［M］. 東京：岩波書店，1932：309 –326.

长泽龟之助《中等教育代数学教科书》（1899 年）；

长泽龟之助《小学算术教科书》（三木书店，1900 年）；

长泽龟之助《中等教育算术教科书》（开成馆，1902 年）；

长泽龟之助《初等微分积分学》（数书阁，1902 年）；

藤泽利喜太郎《算术条目及教授法》（大日本图书，1895 年）；

藤泽利喜太郎《算术教科书》（上下）（大日本图书，1896 年）；

藤泽利喜太郎《初等代数学教科书》（大日本图书，1898 年）；

藤泽利喜太郎《数学教授法讲义》（大日本图书，1899 年）；

三守守《初等平面三角法》（山海堂，1902、1903 年）；

三守守《初等几何学》（平面、立体）（山海堂，1902、1903 年）；

桦正董《改定算术教科书》（三省堂，1903 年）；

桦正董《代数学教科书》（三省堂，1903 年）；

桦正董《平面几何学教科书》（三省堂，1905 年）；

桦正董《平面三角发教科书》（三省堂，1905 年）；

泽田吾一《代数学教科书》（富山房，1907 年）；

泽田吾一《算术教科书》（富山房，1907 年）；

菊池、泽田吾一编撰《初等平面三角法教科书》（大日本图书，1905 年）。

除了上述教科书之外，上野清、林鹤一编撰的教科书也被使用。这一时期主要使用日本学者自己编撰的教科书，但也有使用翻译于西方的教科书。例如：

长泽龟之助、宫田耀之助共译《初等代数学》（チャールス・スミス著）（尚成堂，1893 年）；

藤泽利喜太郎、饭岛正之助共译《数学教授法讲义》（チャールス・スミス著）（大日本图书，1889—1891 年)[1]。

从以上萨日娜的调查可以看出，当时使用较多的还是菊池大麓、藤泽利喜太郎、寺尾寿等大学派编撰的教科书，但是作为民间教育家的长

---

① 萨日娜. 清末中国と明治期の日本における西洋数学の受容：両国間の文化と教育における交流を中心に［D］. 東京：東京大学大学院総合文化研究科，2008：157.

泽龟之助编撰的教科书也不容忽视，菊池主要编撰几何学教科书，而藤泽主要编撰算术和代数教科书，而长泽的教科书几乎涵盖了算术、代数、几何、三角、微积分等各个学科，而且编撰教科书的数量也非常之多，笔者在日本国立国会图书馆的古籍资料网站对长泽编撰的教科书进行搜索，发现不同种类、不同版次的教科书和习题集就达 230 部之多。可见作为民间数学者长泽龟之助对于当时数学教育的贡献与投入。

综上所述，明治初期的日本数学教育面临的主要问题是"教则"混乱、教员不足、教科书缺乏。解决这些问题经历了大约 15 年，直到明治十九年（1886）中学校令的颁布才使"教则"渐趋完善，教员也由外国人为主变为了本国教育者居多，而此时的教科书也一改以前翻译西方的局面，出现了日人自编的教科书。

"教则"混乱、教员不足并不是一个民间数学家能够解决的问题，所以长泽龟之助也无能为力。但是面对教科书缺乏的现状，长泽龟之助却找到了工作的切入点。他在数理书院跟随川北朝邻翻译了许多突氏数学教科书，缓解了这种状况。但翻译之书毕竟不是为日本量身定做的，所以在体例、内容、难度方面难免有不切合教育实际之处，于是长泽龟之助便对译著做补充。与此同时，他按照"教则"规定，编撰适合日本教学实际的算术、代数学、几何学、三角法的教科书，在教学中不断听取各教员的建议，进行不断改进以提高学生的学习成绩。所以民间数学教育家长泽，克服教科书缺乏的困难，可谓功不可没。

2.2　长泽龟之助的生平及数学教育工作

长泽龟之助（Kamenosuke Nagasawa，1860—1927）（图 2 - 1）是日本明治、大正时期最活跃的民间数学教育家之一，对近代数学知识在日本的传播与普及做出了重要贡献。他于万延元年（1860）11 月 22 日出生于九州北部久留米藩①的一个藩士家庭。少年时期先后就读于藩校明

---

① 久留米藩，江户幕府体制下三百藩之一，藩厅设在筑后国御井郡久留米城（今天的福冈县久留米市。1620 年至降幕末，藩主为摄津的有马氏，领 21 万石。

善堂、高良山神习馆，后于1875
年考入九州地方唯一的官立学
校——长崎师范学校，明治十一年
（1878）毕业。起初在京都开私塾，
在从事初等教育的同时，也努力自
学西方高等数学的知识。明治十三
年（1880），加入东京数学会社，
并开始在《东京数学会社杂志》
（以下简称《杂志》）发表文章，
探求解决数学问题的方法①，当时
的《杂志》是日本众多数学家探讨
学术问题的平台，同时也是和算与
洋算交流的媒介，受到了许多和算

图 2-1　长泽龟之助（1860—1927 年）

家、洋算家和陆海军学者的高度关注。长泽在《杂志》上不仅介绍了
汉译西书李善兰的《代数学》《代微积拾级》和华蘅芳的《代数术》
《微积溯源》，而且还用西方算式解答了华蘅芳《微积溯源》中的一些
问题。②除此之外，长泽龟之助还通过《杂志》回答了一些数学家提出
的问题。例如，在《杂志》第10号、第16号中就曾回答了数学家荒川
重平、上野继光有关重学方面的问题；在《杂志》第13、第14、第15
号中分别回答了数学学者礒野健、荒尾岬、冈本则录提出的有关代数、
几何的问题；在《杂志》第18、第19、第20号上又解答了中村宗次
郎、中川将行、樽俊之助、荒川重平、丸山胤孝、安西卯太郎提出的数
学问题。③提问者荒川重平、中川将行、礒野健、上野继光等都是当时
非常有名的数学家。师范学校刚刚毕业的长泽龟之助就能够为他们解
疑，足见其已经具备相当的数学功底。屡次在《杂志》上投稿也反映
出他探究数学知识的求知欲。

---

①　冯立昇. 中日数学关系史［M］. 济南：山东教育出版社，2009：280.
②　萨日娜. 清末中国と明治期の日本における西洋数学の受容：両国間の文化と教育に
おける交流を中心に［D］. 東京：東京大学大学院総合文化研究科，2008：140.
③　川北朝鄰. 数学会社雑誌題解者一覧［M］. 東京：発兌書肆，1881：3-33.

坚实的数学功底和对数学知识的渴望是长泽龟之助数学知识水平逐渐提高的动力，也是他后来从事翻译工作的基础。

明治十三年（1880），长泽龟之助参加了数学家川北朝邻（1840—1919）组织的数理书院，开始积极投身于西方数学著作的翻译工作，短短三四年中，长泽龟之助取得了非凡的翻译业绩，共译西方数学书 13 部之多。正像著名数学史家三上义夫（1875—1950）在《川北朝邻小传》中写的那样："在川北朝邻组织的译书工作中贡献最大的就是长泽龟之助"。①

长泽龟之助在数理书院从事翻译和教学工作的同时，还担任了陆军教导团的数学教员，并开始着手编写陆军用数学教科书。后来又离开了陆军教导团受聘于东洋英和学校与东洋英和女校，并担任校长一职。1892 年他又辞去东洋英和学校教职。从 1907—1918 年，他还一直担任专修大学讲师。② 即使在从事教育工作期间，他也未间断翻译工作，先后出版了史密斯（Charls Smith，1844—1916）、卡塔兰氏（E. C. Catalan，1814—1894）等几位西方数学家的著作。

另外，在教学工作的推动下，他开始自编数学教材。目前据现有研究成果可以得知，他编撰、编译的数学教材达 150 部之多，其中既有中等数学教科书，也有女子教育、实业教育的教科书，还有内容丰富的习题集、讲义和广为流传的数学词典（图 2 - 2）。内容有算术、代数、几何、三角、微积分等方面，几乎都是成套出版发行，在日本非常畅销。有的教科书甚至被不同出版社再版多次。例如，他编的《新几何学教科书平面》初版于明治三十七年（1904），之后分别于明治三十八年（1905）、四十年（1907）、四十一年（1908）、四十四年（1911）、大正三年（1914）、大正十五年（1926）再版发行。同时此书还在 1906 年被扬州知新算社的周达翻译为中文在东亚公司出版发行，可见其影响范围之大。

为推进日本的数学教育，长泽龟之助于 1906 年创办数学杂志

①　三上義夫. 川北朝鄰小伝［M］. 神奈川：港荣社印刷所，1941：18.

②　冯立昇. 中日数学关系史［M］. 济南：山东教育出版社，2009：282.

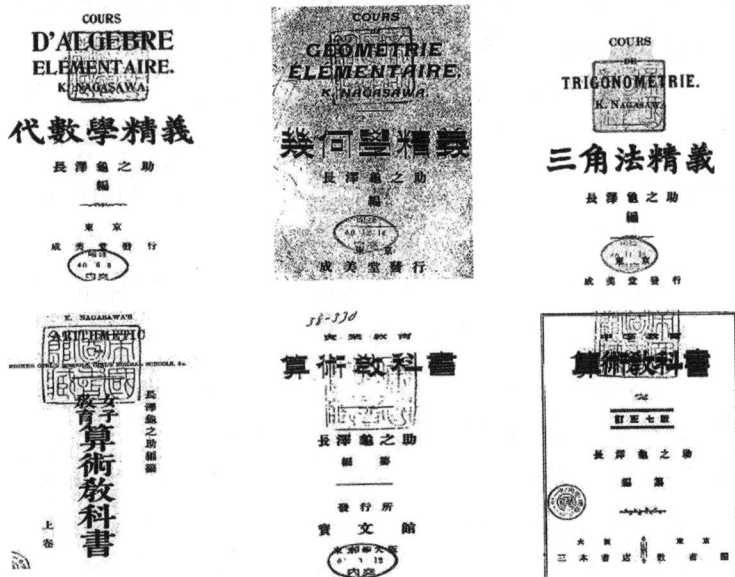

图 2-2　长泽龟之助编撰的部分教科书书影

《XY》，此后 20 多年一直主持该刊事务。通过《XY》不仅可以传播数学知识，还可以和当时的一线教师、学生交流，了解他们对于教科书的要求，以便及时改进教材内容，适应教学的需要。有关这一点我们可以从他编撰的《试验问题讲义几何学之部》的序言中窥见一斑：

"曾テ昨年十一月雜誌《XY》第六卷第九号ニ昨年度ヨリ遡リテ十三年間ノ官立学校入学試験問題ヲ輯録シテ発行セシニ読者之ヲ便トシ、更ニ解式ノ発行ヲ促サルルヤ切ナリ。然レドモ雑誌《XY》ハ紙数ニ限リアリテ是等ノ試験問題全部ノ解式ヲ乗スル能ハズ。故ニ兹ニ算数代数幾何三角ノ四部ヲ各別冊トシ、之ニ受験注意並模範解法ノ一冊ヲ加ヘテ編述発行スルコトトシ、……（下略）"①

其中指出：长泽龟之助在 1909 年 11 月的《XY》第 6 卷第 9 号上刊登了 1909 年之前 13 年的官立学校入学考试题，读者感到对学习非常有益，希望将答案也刊出。但因杂志篇幅有限，不能满足读者要

① 長澤亀之助. 試験問題講義幾何学之部 [M]. 東京：東海堂，1910：Ⅰ-Ⅲ.

求，长泽龟之助遂将答案分为试验问题讲义算术之部、代数之部、几何之部、三角法之部出版发行。可见长泽龟之助编书原则是广泛听取读者意见，从实际出发解决读者问题的。因此，长泽龟之助编撰的很多教科书都非常受读者欢迎，被全国多数学校使用。这一点从长泽编撰的《实业新几何学教科书》的序言中得到证实。

"（前略）……今日二至ルマデ大方ノ歓迎ヲ受ケ、全国多数ノ學校二採用セラルルノ栄ヲ得シガ、今亦世ノ進運二伴ヒ、従来ノ著書ヲ基礎トシ、実際教授上ノ意見ヲ参酌シ、新二算術、代数学、幾何学、三角法一連ノ書成リ、題シテ實業教育新教科書ト云フ……（下略）"①

由此可知，为适应教学需要，他还结合各校实际教学中的建议进行了改版。他编撰的很多教科书序言中几乎都提到结合某些教员的建议改进教科书的案例。所以长泽龟之助的教科书基本上均按照教学实践的要求予以编撰和改订。

总之，长泽龟之助从 1878 年长崎师范学校毕业之后，便开始了探求数学知识与数学教育的生涯。他的数学教育工作主要体现在教学实践和编撰教材两个方面。为了不断推进教学实践与改革，他从 1880 年开始不惜花费大量时间翻译西方数学著作，为了实现教学相长，他于 1906 年创办《XY》杂志，在传播数学知识的同时，广泛听取同仁和学生建议。他在翻译西算、编撰教材、中日文化交流等方面都做出了重大贡献。他在数学方面的贡献不仅推动了日本的数学教育工作，还影响了晚清、民国的数学教育。

2.3　长泽龟之助的翻译工作

2.3.1　长泽龟之助前期的翻译工作

1872 年学制的颁布迈开了日本教育走向近代化的第一步。② 但是

---

① 長澤亀之助. 実業新幾何学教科書［M］. 東京：宝文館，1916：1－2.
② 小倉金之助. 明治時代の数学［M］//国民学術協会. 学術の日本. 東京：中央公論社. 1942：27.

在实际教学过程中，却出现了各种难题。因为在此之前，虽然也有部分开明和算家开始接触洋算知识，但主要还是以和算教学为主，面对突如其来的学制改革，很多和算家都无所适从。教师缺乏、教材缺乏大大困扰了当时日本的正常教学，再加上一些和算家对洋算的抵制，使得"洋算专用"的原则并未在实际教学中得到实施。鉴于当时颁布"和算废止"政策不到一年，文部省又不得不宣布在小学使用和算教材，算术课中笔算和珠算并用的现象也开始出现。① 中学和大学由于教师、教材缺乏，不得不使用英、美、法、德的原版教材，基本上由外国教师授课。虽然当时的教学状况混乱，但总体趋势却是洋算逐渐取代了和算的位置。

明治十年代（1878—1887）大量翻译西方数学著作，使初等数学各学科逐步和西方接轨，但高等数学书不够用是一缺憾。所以菊池大麓、藤泽利喜太郎、川北朝邻、山本信实（1851—1936）、田中矢德（1853—?）、冈本则录（1847—1931）、上野清、长泽龟之助等数学家开始大量翻译西方的高等数学著作。当时的文部省、攻玉舍和东京数理书院是这方面译书最多的 3 家出版机构。

文部省是日本官方教育和出版机构，其翻译出版的代表作有山本信实的译著《代数学》（1876）、《代数几何学》（1882）和冈本则录的译著《微分积分学》（1883）。攻玉舍和数理书院属于民间机构，但其译书数量和质量却远超文部省。攻玉舍以田中矢德为代表，其主要译作有 1882 年出版的《算术教科书》《代数教科书》《几何教科书》。东京数理书院为著名数学家川北朝邻所创立，长泽龟之助就是跟随川北朝邻在数理书院开始了他的译书生涯。

当时川北朝邻和另一位民间数学家上野清已开始翻译英国数学家突兑翰多尔（Isaac Todhunter，1820—1884）的《轴式圆锥曲线法》（1881 年 7 月），这应是该书院翻译出版的第一本数学著作。此后该院未见再有上野清的译著，取而代之的是长泽龟之助，短短三四年，

---

① 小倉金之助. 明治時代の数学［M］//国民学術協会. 学術の日本. 東京：中央公論社. 1942：46.

相继译出 10 余部数学著作。

长泽龟之助在川北朝邻的指导下进行翻译，译什么书、联系出版社、校对等事宜都由川北朝邻负责，长泽龟之助只是承担具体译书任务，在选择译何书方面缺乏主动性。这虽是长泽龟之助译书之始，却成绩斐然。据三上义夫统计，数理书院出版的数学著作主要有以下16 种。①

①轴式圆锥曲线法，英国突氏著，上野清译述，明治十四年 7 月出版。

②微分学，英国突氏著，长泽译述，明治十四（1881）年 11 月出版。

③微分学例题解式，英国突氏著，长泽著述，明治十七年 6 月出版。

④积分学，英国突氏著，长泽译述，明治十五（1882）年 4 月出版。

⑤几何圆锥曲线法，英国独来氏著，长泽译述，明治十五年 8 月出版。

⑥代数学，英国突氏著，长泽译述，明治十六（1883）年 1 月出版。

⑦代数学例题解式，英国突氏著，市乡弘义译，明治十八年 5 月出版。

⑧平面三角法，英国突氏著，长泽译述，明治十六年 6 月出版。

⑨平面三角法解式，英国突氏著，长泽译述，明治十八（1885）年出版。

⑩球面三角法，英国突氏著，长泽译述，明治十六年 8 月出版。

⑪球面三角法解式，市东佐四郎著述，明治十八（1885）年出版。

⑫弹道数理，长泽抄译，明治十六（1883）年 10 月出版。

---

①　三上義夫. 川北朝鄰小伝［M］. 神奈川：港栄社印刷所，1941：20.

⑬宥克里①，英国突氏著，长泽译述，明治十七（1884）年1月出版。

⑭宥克里例题解式，英国突氏著，长泽译述．明治十七年10月出版。

⑮论理方程式，英国突氏著，长泽译述，明治十七年7月出版。

⑯微分方程式，英国伯胡尔氏著，长泽译述，明治十八年1月出版。

三上义夫所统计的16种书中，既有译著也有著述。译著主要是英国突氏原著，著述一般是某一译著中问题的解式。其中，上野清翻译1本，市乡弘义著解式1本，市东佐四郎著解式1本，其余13本都由长泽翻译，显出了他的工作分量。

图2-3是长泽所译的第一本书《微分学》（1881）的序言。

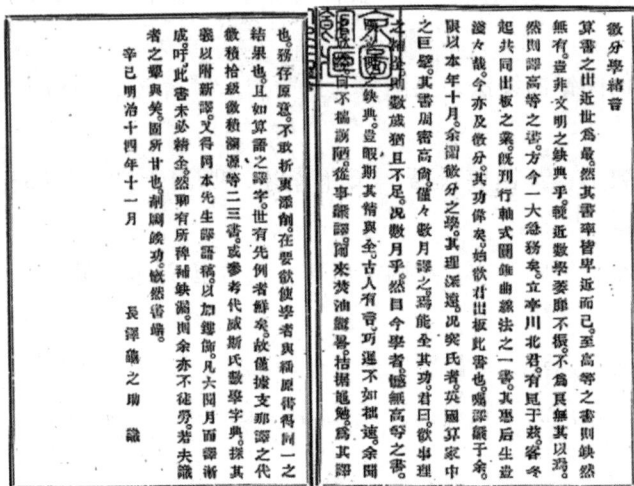

图 2 - 3　《微分学》序言

---

① 长泽将突氏选编欧几里得《几何原本》的第1至第6卷和第11、第12卷翻译为《宥克里》。

由《微分学》序言可知：

①明治十四年（1881）左右，日本缺乏高等数学书，故川北朝邻组织学者进行翻译，欲弥补这一不足。此时上野清翻译的《轴式圆锥曲线法》已刊行。

②长泽受川北委托翻译《微分学》，时间紧、任务重，但如期完成。

③由于此前几乎没人翻译过类似书籍，所以长泽处理术语非常辛苦，不得不参考汉译西书《代微积拾级》《微积溯源》和戴维斯字典进行创造。

长泽面临诸多困难，但他披荆斩棘，兢兢业业，成绩巨大。此时的翻译基本上都是在原文基础上不加任何增补的直译，编排方式也采用传统的竖排方式。本书将这一阶段称为长泽前期的翻译工作，以区别于他后来采取横排、自主选择译书的后期工作。

长泽 13 本译著的出版大大增强了他的翻译能力，同时大量查阅数学资料，不仅提高了自己的数学能力，还掌握了大量数学术语，这为他以后更加积极主动地翻译和编撰数学教科书奠定了基础。

2.3.2　长泽龟之助后期的翻译工作

长泽前期译书集中在 1881—1885 年，后来他将这项工作委托给市东佐四郎和向井嘉一郎①，离开了数理书院。此后开始更加主动地选择翻译西方数学书。

那时他仍然担任陆军教导团的数学教习，并开始着手编撰陆军用数学教科书。1886 年 5 月翻译出版的英国《ウーリッチ陆军大学校数学試験問題集》应该就是这一期间，为日本陆军教导团教学所使用。

该书收集了 1880—1884 年英国ウーリッチ陆军大学的数学考试题，首次采用横排形式，之后他的译著或编撰都采用这种方式，方便了阅读，开创了日本数学教科书的横写时代。1887 年长泽在翻译史密

---

① 三上義夫. 川北朝鄰小伝［M］. 神奈川：港栄社印刷所，1941：18.

斯《初等代数学》序言末尾中说：

"……现在我将以如下说明来结束此序，本书在排版上与以往教科书不同，采取横写方式，此方式也是我毕生的追求，且此横写方式在翻译英国的《ウーリッチ陆军大学数学考试问题集》时已使用，学生对此方式之便也颇为赞同。因数学书中算式插入较多，文字竖读、算式横读，阅读时不得不竖横翻转，其不便之处不言而喻。望读者不要以横写为怪。

明治二十年（1887）五月长泽龟之助识"①

史密斯的著作是长泽继数理书院突氏数学书之后翻译最多的西方数学书。史密斯是英国剑桥大学教授②，1886 年他的 *Elementary Algebra* 在伦敦出版，次年传入日本，长泽认为"此书理论精妙、例题多少适中，如翻译出版，必对我邦数学教育有裨益"③。1887 年 5 月译出第 1 卷，经 6 个月将所余 4 卷译出，1887 年 12 月 5 卷合编出版，名为《初等代数学》。果不出所料，此书大为畅销，初版面世不久即告售罄，故 1888 年再版，再版时长泽结合自己的教学经验，纠正初版错误之处，使其臻于完善。以后多次重版，据当时授课要目和教学实践的要求，调整了部分内容，还更新了部分术语。该书在日本大为畅销，先后在尚成堂、数书阁出版了 22 版，直到 1913 年还在再版使用。这也是史密斯小代数学首次在日本的传播。之后才有上野清、实吉益美、奥平浪太郎、松岗文太郎、藤泽利喜太郎等翻译的史密斯代数学及史密斯代数学例题解式的问世。

自主翻译史密斯《初等代数学》的成功更加增加了长泽翻译的信心，之后翻译的《史密斯大代数学》《方程式之理论》等书已经不仅仅局限于调整书中部分内容和更新术语，而是根据当时的教学实践和自己对于某一知识的把握开始增加和补充内容。除代数之外，他还翻译了约翰可成的《平面三角法》、温德华氏的《新撰平面几何学》、

---

① 史密斯. 初等代数学［M］. 長澤龟之助，訳. 東京：秀英社，1887：6.
② 张伟. 查理斯密小代数学在中国的流传与影响［J］. 兰台世界，2011，10：5.
③ 史密斯. 初等代数学［M］. 長澤龟之助，訳. 東京：秀英舍，1888：8.

卡塔兰氏的《几何学定理及问题》等许多西方数学家的著作。

特别是在翻译法国卡塔兰氏（E. C. Catalan, 1814—1894）的《几何学定理及问题》时，长泽在序言中提到：

"……虽然近年我国有多种数学著作刊行，但是值得学者参考之几何学著作几乎没有，偶有一两本译书也都是偏重作图题或止于近世几何学，没有越出初等几何学之范畴，目前还没有系统介绍平面和立体几何的优良参考书供学者使用……"①

可见，他对当时日本数学书籍实况和外国数学书的了解程度，同时也反映出了他一心完善几何学教材的决心。卡塔兰氏的《几何学定理及问题》1904 年初版，1906 年出版了第二版增补之部，便将中国数学家周达通过四款命题给出的"巴氏累圆奇题"的证明结果补充进去，并对该结果进行了进一步推广。② 可见当时长泽已经不仅仅是翻译某一数学家的著作，而是通过翻译来推进数学研究，推动世界各国的数学交流（表 2 - 2）。

表 2 - 2　长泽龟之助自主翻译的 14 本数学著作

序	著　者	书　名	出版社	出版年
1	未刊	英国ウーリッチ陆军大学数学考试问题集	尚成堂	1886 年
2	チャールス・スミス	初等代数学	秀英舍	1887 年
3	チャールス・スミス	史密斯大代数学	明法堂	1895 年
4	チャールス・スミス	史密斯小代数学补遗对数	尚成堂	1890 年
5	チャールス・スミス	方程式之理论	数书阁	1893 年

---

① 卡塔兰氏著. 幾何学定理及問題 [M]. 長澤亀之助，訳. 東京：日本書籍株式会社，1904：3.

② 冯立昇. 中日数学关系史 [M]. 济南：山东教育出版社，2009：283.

序	著　者	书　名	出版社	出版年
6	ジョン・カセー	初等平面三角法	尚成堂	1888 年
7	ジョン・グリーブ	初等静力学	数学协会	1889 年
8	ホール和ナイと	初学代数学	明法堂	1894 年
9	バックル氏	解析几何学讲义	数书阁	1899 年
10	アルヂス氏	解析立体几何学	武藏屋书店	1900 年
11	クリスタル	新著代数学	成美堂	1901 年
12	ウィンドウォルス	平面几何学	数书阁	1898 年
13	ウィリアム・ショブネー	几何教科书平面之部	开新堂	1894 年
14	カタラン氏	几何学定理及问题	日本书籍株式会社	1904 年

总之，长泽的翻译工作始于数理书院。虽然当时缺乏选择书目的主动性，但其译书成绩值得肯定，英国数学家突氏的著作几乎都经由长泽之手传到日本。在传播数学知识之余，长泽的翻译能力和数学阅历也得到极大提高。数理书院之后，长泽开始积极主动地、有选择地翻译西方数学著作，先后翻译了史密斯、约翰可成、温德华氏和卡塔兰氏等数学家的著作。和数理书院的翻译风格相比，此时长泽已不仅仅局限于简单的翻译，而是根据实际教学的需要，开始以一本书为蓝本进行增译、补译，有的书中还加入了当时最新的研究成果。所以，长泽的翻译生涯可以概括为从被动翻译到主动翻译，从主动翻译到增译、补译，再从增译、补译到推进数学研究与国际交流。

长泽的译著涉及代数、几何、三角等诸多学科，丰富了日本的数学教材，也为他后来自己编撰教科书奠定了基础。

2.4　长泽龟之助的数学交往

2.4.1　与本国数学学者的交往

长泽龟之助于明治八年（1875）进入长崎师范学校学习数学，在校期间，师从该校校长佐原纯一（1841—1920）学习数学并对数学产生浓厚兴趣。佐原纯一是长崎海军传习所的一期生，原名佐原纯吉，庆应二年（1866）从长崎来到东京，在开成所教授数学，翌年出任开成所二级教授。明治四年（1871）5 月成为大学南校中助教，期间改名佐原纯一。明治五年出任文部省编辑司、明治九年出任长崎师范学校校长。就在长泽毕业的明治十一年，长崎师范学校停办，佐元纯一便辞去了校长职务。①

明治十一年（1878）长泽毕业之后，曾在京都开过私塾，之后去了东京，加入了东京数学会社。东京数学会社在数学家神田孝平和柳楢悦倡导下，于明治十年（1877）在日本东京成立，当时参加东京数学会社的成员既有川北朝邻、远藤利贞、福田理轩、大村一秀等和算家，也有中牟田仓之助、赤松则良、中川将行、荒川重平、菊池大麓等洋算家，还有上野清等民间数学教员。② 会社成立之初就创办了该会社的社刊《东京数学会社杂志》，共发行 67 期，该杂志成为当时会社成员共同探讨数学知识的平台，对日本数学的普及、西方数学的传播及数学教育与研究都起到了非常重要的作用。随着人们对西方数学知识的逐渐吸收与消化，以及其在军事、造船、机械中的应用展开，当时的数学家们逐渐由和算转向了研究洋算。东京数学会社的许多数学家如菊池大麓、神田孝平、冈本则录、川北朝邻、上野清还直接从事数学教育和编译教科书，为日本数学教育西洋化做出了重要贡献。在东京数学会社期间，长泽和会社成员中的许多知名数学家们交流，并开始在数学会社的杂志上投稿，从此长泽的数学能力开始逐渐显现出来。

前面提到的川北朝邻，1840 年生于东京，6 岁开始随神田泰雨学习汉字和算术，并开始对数学发生兴趣。1857 年师从村濑孝养学习点窜术，后又成为御粥安本和内田五观的弟子。1870 年进入静冈学校开始学习洋算，并尝试用洋算知识来解决和算问题。此后在静冈县小

---

① 安藤洋美. 明治数学史の基礎工事 ［J］. 桃山学院大学人間科学，2000，19：46.

② 薩日娜. 清末中国と明治期の日本における西洋数学の受容：両国間の文化と教育における交流を中心に ［D］. 东京：東京大学大学院総合文化研究科，2008：95–98.

学、静冈传习所、陆军兵学寮、户山学校、士官学校任教，编撰了《笔算题丛》和《代数学教科书》，并和山本正至一起翻译《几何学原楚》，初步显示了他的译书能力。明治十年（1887）协同神田孝平、柳楷悦等一起创立东京数学会社，承担《东京数学会社杂志》的编辑工作，并积极在杂志上投稿探索求解数学问题的方法。① 在此期间，川北发现在日本缺少高等数学书，偶有一二，也囿于价格昂贵而不能推广，所以从明治十四年（1881）开始和上野清创立东京数理书院共同发起翻译出版高等数学书的工作。

该书院创立之初，川北在当年《东京数学会社杂志》上登载招聘广告如下：

"为进一步推进当今数理科学之发展，特招聘有志之士共同翻译出版西方数学书籍，有意者请与东京上野西黑门二十番地上野塾联系。现已着手翻译突氏《轴式圆锥曲线法》。

明治十四年（1881）1月　川北朝邻　上野清"①

前面已说明，东京数理书院大部分译著都由长泽翻译，川北校阅。但1885年之后，未见数理书院出版长泽的译著。三上义夫在《川北朝邻小传》中指出："之后出于其他原因，数理书院的翻译工作主要由市东佐四郎、向井嘉一郎两位承担。"①长泽从1882年开始便到川北创立的私塾立算堂上课。次年，长泽受聘于陆军部门，主要教授数学课和编写教科书。② 也许是因为教务繁忙而将数理书院的翻译工作委托给上述两人。

从翻译《史密斯初等代数学》开始，宫田耀之助（以下简称宫田）便开始和长泽合作编译数学书。长泽翻译约翰·可成（John Casey，1820—1891）（以下简称柯氏）的《中等教科书平面三角法》（1888）和 Alexander Knox 的《初学微分学》（1889）时，宫田承担了其中的校算工作，而且在1893年，长泽和宫田还共同撰译了 Chapman 的《方程式之理论》来补充史密斯代数学之不足。1892年宫田

---

① 三上義夫. 川北朝鄰小伝 [M]. 神奈川：港栄社印刷所，1941，1－18.

② 冯立昇. 中日数学关系史 [M]. 济南：山东教育出版社，2009：282.

编撰出版《数学问题集算术、代数、几何》时，长泽曾为其校阅
（图 2 - 4）。

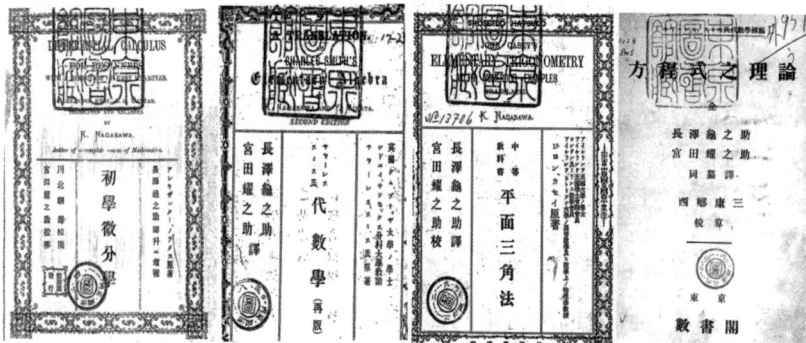

图 2 - 4　长泽和宫田共同撰译的部分书目

　　除了宫田之外，长泽的合作者还有西乡康三、藤木曾登吉、樱井
幸作、东利作，他们主要负责一些翻译和译著的校算。

　　长泽译书阅历增加，经验丰富，他一边译书，一边帮助同行校阅
数学书。1894 年他曾帮宫崎繁太郎校阅其编撰的《史密斯初等代数
学解式》，同年还为东京理学院院长真田兵义校阅其翻译的《几何教
科书》。可见在经过数理书院及后来的翻译历练后，长泽在翻译方面
已经有所建树，具备独立把握译本中数学内容和校阅译著的能力，成
为这方面的专家（图 2 - 5）。

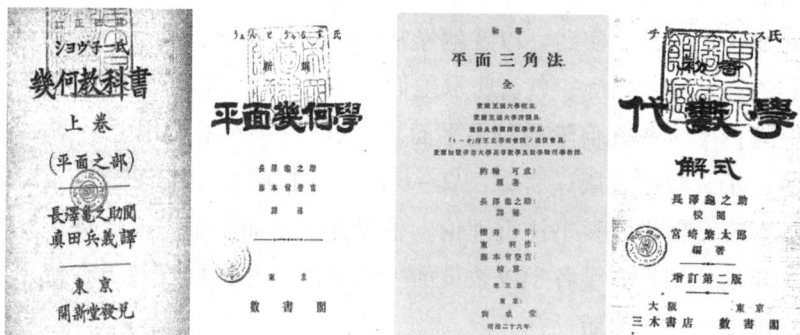

图 2 - 5　长泽和真田兵义等合作者完成的著作

1896 年，长泽编撰《中等教育算术书》订正 8 版时，在其序言中提到：

"……本书的问题主要在于各种练习题都附于课本中，比较混乱，于是我将其收集另编习题集。在编辑过程中，宫田耀之助、今泉胜治二氏编撰的习题也为数不少，而且在出版前和出版后分别由藤本登吉氏和川濑便道分别熟读全部习题，一一计算以确认答案是否正确，十分辛苦。在此对他们表示感谢，也希望读者多提宝贵建议。"①

由此序言可知，当时该书的练习题除收集原书习题和自编之外，宫田耀之助和今泉胜治也参与编写，而且该书在出版之前由藤本曾登吉进行校阅，出版之后川濑便道又通读全篇进行校对。另外在长泽 1907 年编《问题解法代数学词典》序言中也提到了和他合作编撰该书的人有：

堀内平次郎　佐久间仓吉　菊池亮三郎　西阪赖二郎　大橘留治
成濑四男也　福永荣治　　宫崎镇美　　江藤丰吉　　庄野小八郎
增泽孙二　　田窪房一　　饭田一雄②

这些都说明当时长泽在编译书时，并不是一个人在努力，而是以他为中心已经形成了一个学术团队，其中的堀内平次郎还在 1904 年和长泽合著了《解析几何学问题解》。

长泽之所以编译教科书数量如此之巨大，除了个人的努力之外，更得益于有这样一个强大的合作团队。另外他的教科书如此受欢迎，也得益于他的教学实践，以及他经常和一线的数学教员进行交流。往往在教科书再版之际，就会听取他们的建议进行改进。例如，1904 年长泽编撰了《新几何学教科书平面》，在经过 4 年的使用之后于 1907 年进行了改版，改版序言如图 2－6 所示。在序言中长泽指出当时的中等教育几何学教科书注重理论，枯躁无味。而本书一改此弊端，通过 4 年的使用得到了各学校教员的一致认可，并根据各教员在使用过程中的意见进行改版。

---

① 長澤龜之助. 中等教育算術書［M］. 東京：数書閣，1896：6.
② 長澤龜之助. 問題解法代数学辞典［M］. 東京：郁文社，1907：序.

1908 年长泽编撰了《实业教育几何学教科书》，在 1912 年改版之际，长泽在序中也提到了"本书自刊行以来被多所实业学校使用，所以就该书的优劣我特意咨询了实业学校各教员，他们都给出了恳切的建议，所以在改版之际我按照他们的建议补充了书中正文的不足，同时在卷末增补了复习题"[①]。1925 年出版的《新三角法教科书》序言中同样提到了"在编撰过程中，和全国现行教科书进行比较研究的同时

订正版序

中等教育程度ノ幾何學教科書ガ多クハ單ニ理論一遍ニ驰セ乾燥無味ニシテ中等教育ノ本領ヲ没却セルモノ勘ナカラザリシハ識者ノ齊シク喟嘆セシ所ナリキ，本書ハ是等ノ弊ヲ一掃セントヲ考ヘテ編纂發刊セシガ今ヤ初版發行以來四星霜ヲ經採用セラレシ各學校教員諸氏ノ實際教授報告注意ハ殆ムド本書ヲシテ適切ノ教科書タルノ一斑向セシムル所アリ，依リテ是等ノ報告注意ヲ参酌シ今玆ニ訂正版ヲ公ニスルコトトナレリ，本書ガ師範中學及ビ其ノ他ノ中等教育程度ノ學校ノ教科書タルニ一層適切ノモノタルハ是等教員諸氏ノ注意ヲ多トスルモノナリ，聊カ事由ヲ書シテ序ニ代フ，

明治四十年八月　　　　　　著者識ス

图 2－6　长泽龟之助（1860—1927）

还认真听取和讨论了教员的建议"[②] 进行改订。不仅这几本教科书得到了第一线教员的宝贵意见和指导，在长泽的其他教科书及后来他一直主持的《XY》杂志中也可以看到长泽注重教科书的实践教学成果，并根据教员及学员的需要及时调整教学内容和教学方法。所以通过与教员和学员的实际交流使自己的教科书更贴合当时的教学实际是长泽编撰教科书的一大特点。

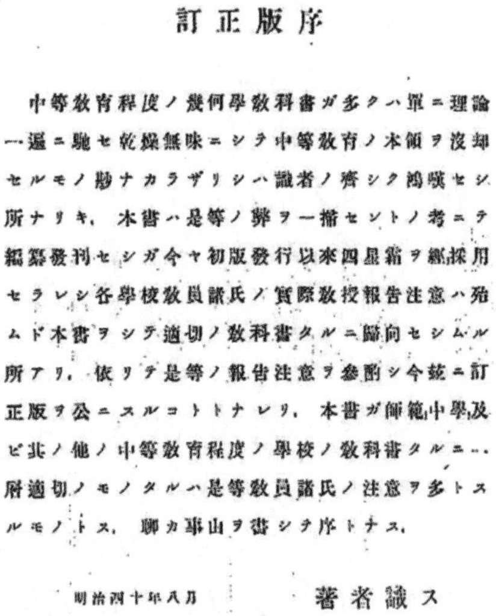

2.4.2　与外国数学学者的交往

长泽除了和日本的数学家、学者、教员合作之外，和中国的数学家、学者也有过交流，见本书第七章。此外，还和欧洲的数学家交流。为将外国数学著作介绍到日本，为译一本适合日本数学教育的书，亲自和该国数学家联系，征得翻译许可。长泽在翻译英国数学家库利斯塔尔（George Chrystal，1851—1911）的 *Introduction to algebra* 时，有关翻译事宜就曾和作者本人及其出版社做过多次沟通。

[①] 長澤龟之助. 新幾何学教科書平面［M］. 東京：宝文館，1912：序.
[②] 長澤龟之助. 新三角法教科書［M］. 東京：成美堂，1925：序.

该书在英国于 1898 年 4 月出版，长泽在 1899 年 11 月写信给著者及出版社，征得翻译许可。对方答应该书只有长泽一人有日文翻译权，不得转交他人。所以长泽在该书的第 2 页写上"翻译权所有"的字样。经过 2 年的努力，1901 年长泽将该书翻译完成。在该书出版之际，原著者库利斯塔尔还亲自为该书作序，并将自己的照片寄来，长泽将照片附在该书的著者序文之后。其实在翻译过程中，长泽也遇到了很多翻译难题。为了更贴切地将原书内容呈现给读者，为了更好地反映著者的思想，他还经常就某些问题和著者书信讨论。[①]

1901 年长泽完成了该书的翻译工作，书名译为《新著代数学》（图 2 - 7）。其实该书的编撰目的是"改良英国代数学教授法"，所以在编撰内容和形式方面和当时的其他著书有所不同。长泽之所以翻译该书也许就是因为它的与众不同。因为在该书出版之前日本的代数学大致"只有樱井、千本二氏合译的代数学以及长泽翻译的史密斯代数学二三书，日本数学学习者希望看到崭新的代数学书，是而长泽翻译了刚刚在英国出版的 *Introduction to algebra*"[②]。

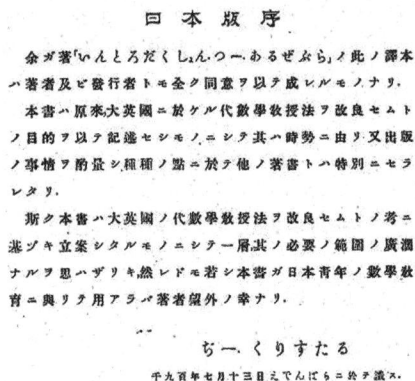

（a）封皮　　　　　　　　　　（b）序言

图 2 - 7　1901 年长泽译《新著代数学》封皮及序言

① 库氏. 新著代数学［M］. 長澤亀之助, 訳. 東京：成美堂；大阪：集成堂, 1901：9.
② 库氏. 新著代数学［M］. 長澤亀之助, 訳. 東京：成美堂；大阪：集成堂, 1901：8.

长泽在数学教育及教科书的编撰与改良方面，不仅和许多中国数学家有过讨论，还和英国数学家有过交流。这些广泛的国际交流为他后来的翻译及教科书编撰工作奠定了坚实的基础。

2.5 本章小结

长泽龟之助生活的年代正好是日本数学和西洋接轨并逐渐走向近代化的时期。这一时期，日本的数学教育面临的主要问题就是教育制度不完善、新式教科书和教员缺乏。面对这样的问题，日本的和算家、洋算家、陆海军学者等都做出了各自的努力。而其中对日本数学教育起主导作用的还是以菊池大麓、藤泽利喜太郎为首的大学派。但不可否认长泽龟之助、上野清等民间数学教育家也起到了不可忽视的作用。

1878 年长泽龟之助从长崎师范学校毕业之后就一直在从事数学教育工作。他在积累数学教育经验的同时也认识到翻译西方数学教科书充实日本数学教材的重要性。所以一开始便和数学家川北朝邻、上野清等人合作成立数理书院翻译突氏的数学教科书，以解决当时日本"缺乏高等数学之书"的困惑。当时他们翻译的突氏的数学教科书对日本教科书缺乏和引进西方数学知识方面发挥了重要作用。接着他又不断阅读西方的最新数学书籍，并有选择地翻译了史密斯代数学等对日本数学教育影响深远的许多西方数学家的著作。

直接翻译的教科书未必适合日本的教学实际，所以他开始按照日本数学教则对西方的教科书进行补译、编译。最后在译书的同时也开始自己编撰各种教科书和词典。很多教科书不仅对日本的数学教育影响深远，还有力支持了晚清民初的数学教育。他在翻译和编撰教科书时，发现了数学教科书横写的便利性并积极推广，最终使日本的数学教科书在 19 世纪末 20 世纪初完成了由传统竖写到横写这一历史性变革。

长泽还加入了东京数学会社，和许多数学家一起积极探讨解决具体数学问题的方法，他对某些问题的解法得到了中川将行、冈本则录等知名数学家的赞许。他还和许多日本数学家和学者一起合作译书、著书、和一线教员积极交流教科书中存在的问题，并不断改进以适应教学实践，一生著书多达 150 部。为了推广数学知识、并与学生充分交流，他还创办杂志《XY》并主持该刊事务 20 多年。

长泽除了和日本数学家、学者共同探讨数学知识、教科书编撰之法，还将合作领域扩展到国外，和周达、崔朝庆等许多中国数学家及库利斯塔尔等西方数学家都有过交往。他在翻译西方优秀数学教科书的同时，还将自己的教科书输出到中国，他的教科书中有 20 多种曾被翻译为中文在中国出版发行，推动了中国数学教育的发展。

第3章 长泽龟之助编译的
三角法教科书

3.1 西方平面三角法教科书的译介

长泽龟之助在数理书院开始了他一生的翻译工作，这段译书阅历为他后期译书打下了坚实的数学基础，并提供了丰富的翻译经验。所以要全面了解长泽的工作，一定要从数理书院的译著入手。本章就以长泽所译突氏《平面三角法》和柯氏《平面三角法》为例，具体分析长泽在译介西方平面三角法方面的贡献。

3.1.1 突氏《平面三角法》的翻译

3.1.1.1 突氏及其著作介绍

突氏（1820—1884）英文名为 Issac Todhunter，1820 年 11 月 23 日出生于英格兰东南部的 Sussex 州，1884 年 3 月 1 日卒于英格兰的剑桥。他的父亲是组合派教会（Congregation Church）的牧师 George Todhunter，母亲名叫 Mary Hume。他家兄弟四人，他排行老二。6 岁时父亲去世，他们兄弟四人不得不随母亲移居 Hastings 生活，当时生活非常贫困。[1]

在 Hastings 生活的时候，突氏进入 Robrt curr 创立的私立学校学

---

① 安藤洋美. Issac Todhunterについて［J］. 総合研究所報，1981，7（1）：23－31.

习，由于学习差而被逐出学校。后又转入 J. B. Austin 所开设的学校上课，也许是由于这个学校的教授方法更适合突氏，所以突氏的学习开始突飞猛进，这为他后来的学习奠定了基础。因为突氏学习成绩卓著，J. B. Austin 到伦敦区 Peckham 学校任教时聘他为助教。期间在完成工作之余，每晚步行 8000 米去英格兰唯一可以授予学士和硕士称号的高等教育机构 University College 夜校学习语言、数学、物理等科目。

1839 年以数学第 1 名的成绩考入伦敦大学，1842 年获文学学士学位。1847 年以希腊语和希伯来语的研究获文学硕士学位。在读硕士期间，还在 Wimbledon 的一所学校教授数学。1844 年在该校教师的推荐下进入剑桥大学 Saint John's College 学习。并以数学第一的成绩通过了数学优等生考试，还获得了史密斯奖。而且在 1848 年还在剑桥拿到了他的第 2 个学士学位并开始撰写论文，进行科学研究。

1849 年被聘为剑桥大学 Saint John's College 学院特别研究员，之后的 15 年致力于编写教科书，主要著作包括如下。

① *A Treatise on the Differential Calculus with numerous examples*（1852、1871 年第 5 版，后 1873、1875、1878、1881、1885、1890、1901、1907 年再版）

② *A Treatise on Analytical Statics*（1853、1874 年第 4 版）

③ *A Treatise on the Integral Calculus with numerous examples*（1857、1878 年第 5 版，1880、1883、1886、1889、1891、1895、1906 年再版）

④ *A Treatise on Integral from the use of Colleges and Schools*（1858、1871 年第 6 版、再版了 15～16 版）

⑤ *A Treatise on plane Co－ordinate Geometry*（1858、1861 年第 3 版）

⑥ *Examples of Analytical Geometry of Three Dimenions*（1858、1873 年第 3 版）

⑦ *Plane Trigonometry for the use of Colleges and Schools*（1859、1860、1864、1869、1874、1876、1878、1880、1882、1884、1885、1888、1890、1895、1903 年再版）

⑧ *A Treatise on Spherical Trigonometry for the use of Colleges and*

Schools with numerous examples（1859、1886 年第 5 版）

⑨ *The Theory of Equations*（1861、1875 年第 2 版）

⑩ *The Elements of Euclid for Colleges and Schools*（1862 年，共出 16 版）

⑪ *Trigonometry for beginners with numerous examples*

⑫ *A Treatise on Conic Sections with numerous examples*

⑬ *Algebra for beginners with numerous examples*

⑭ *Mechanics for beginners with numerous examples*（1867 年）

⑮ *Mensuration for beginners with numerous examples*（1869 年）

1862 年突氏被选为伦敦皇家学会（The Royal Society of London for Improving Natural Knowledge）会员，1864 年结婚，同时辞掉了 Saint John's College 特别研究员之职。此后突氏还编撰了 *A Treatise on Differential Equations*，*Nutural Philosophy for Beginners* 等许多数学教科书和 *A History of the Mathematical Theory of Probability form the Time of pascal to that of Laplace*（1865）等科学史相关书籍。1864 年伦敦数学会成立，突氏为会员，1869 年担任伦敦大学考试委员，1871—1873 年任伦敦皇家学会顾问。后于 1874 年和 1878 年分别担任 Saint John's College 名誉特别研究员和 Indian Civil Service Commission 考试官等职。由于编写了很多教科书所以被称作 Text – book maker。

他精通拉丁语、希腊语、德语、法语、西班牙语、意大利语、希伯来语等多国语言，是一位非常适合各国史料考证研究的学者。所以他在引力论史、弹性论史、概率论史的研究方面成绩突出。同时他还致力于数学教育和教科书的编写工作。对于数学教育有其独到的见解。

3.1.1.2　突氏《平面三角法》译本介绍

长泽在数理书院期间，共翻译突氏的数学著作 11 部。其中突氏的 *Plane Trigonometry for the use of Colleges and Schools* 初版于 1859 年，之后于 1860、1864、1869、1874、1876、1878、1880、1882、1884、1885、1888、1890、1895、1903 年再版。长泽于 1883 年将该书的第八版（1880）译为《平面三角法》（1883 年译本）并在数理书院出版。作为《平面三角法》的配套用书，1885 年长泽又将突氏的 *Key to Plane Trigo-*

nometry for the use of Colleges and Schools 翻译为《平面三角法例题解式》出版以供读者使用。

此后，虽然有诸多三角法书问世，然购买该书者仍络绎不绝，所以在开新堂主人的一再要求下，长泽依照新版原书采取横写方式重新翻译改版，还因袭了近世学者间常用之术语，同时增补了双曲线函数的内容。①于 1894 年出第 2 版，更名为《中等教育平面三角法教科书》（1894 年译本），1928 年由于该书在日本已经绝版，但社会需求依然存在，在出版机构共立社的要求下再版，名为《平面三角法》（1928 年译本）。图 3 - 1 为长泽译著的各版本书影。

图 3 - 1　长泽龟之助译突氏《平面三角法》译本

下面分析突氏 *Plane Trigonometry for the use of Colleges and Schools*（1880）和长泽的 3 个译本（1883、1894、1928 年）的内容及各自的特点（表 3 - 1、表 3 - 2）。

---

　①　トドハンター. 中等教育平面三角法教科書［M］. 長澤亀之助，訳. 東京: 開新堂，1894: 3.

表 3-1　突氏《平面三角法》底本与长泽译本（1883）的目录对比

底本目录	1883 年译本目录
Ⅰ　Measurement of Angles by Degrees or Grades	第一编　度及百分度测角法
Ⅱ　Circular Measure of a Angle	第二编　弧度测角法
Ⅲ　Trigonometrical Ratios	第三编　八線
Ⅳ　Application of Algebraical Signs	第四编　符號之解
Ⅴ　Angles with given Trigonometrical Ratios	第五编　既知八線之角
Ⅵ　Trigonometrical Ratios of two angles	第六编　二角之八線
Ⅶ　Formula for the Division of Angles	第七编　分角範式
Ⅷ　Miscellaneous Propositions	第八编　雜糅設論
Ⅸ　Construction of Trigonometrical Tables	第九编　六線表起源
Ⅹ　Logarithms and Logarithmic Series	第十编　對数及對数級数
Ⅺ　Use of Logarithmic and Trigonometrical Tables	第十一编　對数表及六線表用法
Ⅻ　Theory of proportional Parts	第十二编　比例部之理論
XIII Relations between the Sides of a Triangle and the Trigonometrical functions of the Angles	第十三编　三角形之邊及角之八線之関係
XIV Solution of Triangles	第十四编　三角形之解式
XV Measurement of Heights and Distances	第十五编　高度及距離測法
XVI Properties of Triangles	第十六编　三角形之性質
XVII Use of Subsidiary Angles in solving Equations and in adapting Formula to Logarithmic Computation	第十七编　方程式之憑角解法并對数算式
XVIII Inverse Trigonometrical functions	第十八编　八線反函数
XIX De Moivre's Theorem	第十九编　棣美利氏定理

续表

底本目录	1883 年译本目录
XX Expansions of some Trigonometrical functions	第二十编　八線函数之开散式
XXI Exponential Values of the Cosine and Sine	第二十一编　正余弦之指数価
XXII Summation of Trigonometrical Series	第二十二编　八線級数総計法
XXIII Resolution of Trigonometrical Expressions into Fators	第二十三编　八線式因子分括法
XXIV Miscellaneous Propositions	第二十四编　雑糅設論
Miscellaneousexamples	編外　雑糅例題
Answers	答式

表 3 - 2　长泽 1894 年和 1928 年译本目录对比

1894 年译本目录	1928 年译本目录
第一编　度及ビ佛度ニテ角ヲ測ル	第一编　度及ビ佛度ニテ角ヲ測ルコト
第二编　弧度測角法	第二编　弧度測角法
第三编　三角函数	第三编　三角函数
第四编　代数符號ノ適用	第四编　代数符號ノ適用
第五编　既知ノ三角函数ニ對應スル角	第五编　既知ノ三角函数ニ對應スル角
第六编　二角ノ三角函数	第六编　二角ノ三角函数
第七编　分角ノ範式	第七编　分角ノ公式
第八编　雑設論	第八编　雑命題
第九编　三角函数表の組立	第九编　三角函数表の構成
第十编　對数及ビ對数級数	第十编　對数及ビ對数級数
第十一编　對数表及ビ三角函数表用法	第十一编　對数表及ビ三角函数表用法
第十二编　比例部ノ理論	第十二编　比例部ノ理論

1894 年译本目录	1928 年译本目录
第十三编　三角形ノ邊及ビ角ノ三角函数ノ関係	第十三編　三角形ノ邊及ビ角ノ三角函数ノ関係
第十四編　三角形ノ解法	第十四編　三角形ノ解法
第十五編　高サ及ビ距離測法	第十五編　高サ及ビ距離測角法
第十六編　三角形ノ性質	第十六編　三角形ノ性質
第十七編　輔角ヲ用ヒテ方程式ヲ解ク并ニ對数算式	第十七編　逆三角函数
第十八編　反三角函数	第十八編　雑命題
第十九編　棣美利氏ノ定理	第十九編　ドモアーブル氏定理
第二十編　三角函数ノ開散式	第二十編　三角函数ノ展開式
第二十一編　余弦及ビ正弦ノ指数価	第二十一編　余弦及ビ正弦ノ指数値
第二十二編　三角函数ノ級数総計法	第二十二編　三角函数ノ級数総計法
第二十三編　三角函数ノ式ヲ因子ニ分解スル法	第二十三編　三角数式ノ因数分解法
第二十四編　雑設論	第二十四編　雑命題
編外　雑題	編外　雑題
附録答式	問題ノ答
套言ノ英和対照	
補遺　双曲線函数	

由上面的底本和长泽译本（1883）的目录对比可以看出长泽没有对原著的整体结构做任何改动，而且在内容方面也没有任何删减和添加。所以长泽译本（1883）是完全按照原文进行的对照翻译。下面再将底本、1883 年译本、1894 年译本、1928 年译本的目录分别进行对比发现。

①在形式上最大的不同在于 1883 年译本采取了竖排方式，而后两个版本均采取了横排方式。数学书从竖排到横排的转变是长泽毕生

的追求。而这一变化正好反映了长泽在这方面的突破。虽然是日语译本，1883 年译本目录基本全用汉字，没有出现一个日语假名，如果不细看内容，根本无法想象这是一本日语书。另外，大量使用汉语词会给不谙汉语的读者的阅读带来难度。而在后两个版本中，表示送假名和助词的片假名的大量出现使该书看起来更像日语书，降低了阅读难度，使人们通过目录就可以了解其中的主要内容。例如：

第十七编　方程式之凭角解法并对数算式

第二十三编　八线式因子分括法

这是 1883 年译本第 17 编和第 23 编的目录内容，如果不看书中所述，仅从目录来看根本不知道是在讲什么。类似于这样用汉字高度概括书中内容的译法不仅见于该书中，长泽在数理书院时的译书中都可见到。也许正因为这样，小仓金之助在读 1887 年长泽翻译的《史密斯代数学》时指出："此时长泽的译文已非常优美，和仅仅几年前的译著相比，其进步令人吃惊。"①这里小仓指出的"仅仅几年前的译著"就应是指他在数理书院的译著。在 1894 年的译本中，此种完全以汉字概括内容的表达已很少见。取而代之的是通俗易懂的日语表达。这种口语化的表达也许就是小仓所说的"进步"。例如，上面提到的第 17 编和第 23 编，在 1894 年译本中分别译作：

第十七编　辅角ヲ用ヒテ方程式ヲ解ク并ニ对数算式

第二十三编　三角函数ノ式ヲ因子ニ分解スル法

这种简单易懂的译法增加了长泽译著的可读性。即使在书中，对于同一内容的翻译也能体现出这种差异。即便内容相同，1883 年译本更加注重书面表达，用汉语词较多，而 1894 年译本则注重口语表达，用日语词较多。这种形式上的变化反映了长泽译著的近代化特点。

②从内容上看，3 个译本的内容基本相同。有关这一点可从 3 个译本的目录中窥见一斑。3 个译本都是由第一编到第二十四编、编外

---

① 小仓金之助：数学教育史：一つの文化形態に関する歴史的研究［M］. 東京：岩波書店. 1932：336.

杂题及问题答案组成。但也有一些细微的区别，例如，1928 年译本的第十七编、第十八编的目录编排和前 2 个译本不同，如表 3 - 3 所示。

表 3 - 3　3 个译本（1883 年、1894 年、1928 年）目录的不同之处

1883 年译本	1894 年译本	1928 年译本
第十七编　方程式之憑角解法并對数算式	第十七编　輔角ヲ用ヒテ方程式ヲ解ク并ニ對数算式	第十七编　逆三角函数
第十八编　八線反函数	第十八编　反三角函数	第十八编　雑命題

由上面底本及各译本的目录对比发现 1928 年译本省掉了底本的第十七编 Use of Subsidiary Angles in solving Equations and in adapting Formula to Logarithmic Computation，而将底本第十八编作为该译本的第十七编。同时将第十七编的内容的 3 个命题放到了第十八编杂命题中，并对十八编进行了增补，将之前十七编的 3 个命题增加到了 13 个。经过对内容的对比发现这 3 个译本目录相同之编，具体内容也有不同之处。因为长泽在 1928 年再版时，对之前翻译的版本进行重新校对翻译，虽然长泽在 1928 年译本自序中提到"几乎没有对底本进行省略"，其实从以上分析可知他省掉了第十七编，同时对十七编之后的章节几乎都进行了增补。原本共有 24 编，340 项，这和 1883 年译本、1894 年译本完全相同。1928 年译本编数没变，总数却增加到了 359 项。全书共增加 19 项。除了各章节内容的增加之外，长泽还大量增加了课后练习题。

1928 年译本的第十七编反三角函数中就增加了一个命题，原书中通过 3 个命题讲述了反三角函数的记法，但没有给出反三角函数中角与值的对应关系，所以长泽通过增补 264 项的命题说明了这一点，使读者对反三角函数的内容有了更深刻的理解。例如：

"264. 在 $\sin\theta = x$ 中，其反函数可以记为 $\theta = \sin^{-1}x$，若给定 θ，则 x 存在且唯一。若给定 x，则 $\theta = \sin^{-1}x$ 有无穷多值，且满足 $\sin^{-1}x = n\pi + (-1)^n\theta$。又若 $\cos\theta = x$，则 $\cos^{-1}x = 2n\pi \pm \theta$；而 $\tan\theta = x$，则 $\tan^{-1}x = n\pi + \theta$。在此逆记法中，$\sin^{-1}x$、$\tan^{-1}x$、$\cot^{-1}x$、$\csc^{-1}x$

应是 $\left(-\dfrac{\pi}{2},\dfrac{\pi}{2}\right)$ 的角, $\cos^{-1}x$ 和 $\sec^{-1}x$ 应是 $(0,\pi)$ 的角。"[1]

　　同样在 1928 年译本第十六编三角形的性质中，在原著解三角形的基础上增加了"求任意四边形的面积"的问题。其中将四边形分割为 2 个三角形，通过 2 个三角形面积相加的方法求任意四边形的面积，进一步拓宽了学生的思路。还有的增补内容是为了让学生能够更好地理解前后内容而做的铺垫。

　　除此之外，长泽为了让学生理解书中内容还在 1928 年译本中大量增补练习题。例如，在第十四编三角形解法中，为了让学生练习求解斜三角形的基本元素和查三角函数表。就将原书后面的 32 道练习题增加到 50 道。并分别给出了三角形中的三元素，让学生求其他三元素。[2]还有在第十六、第十九、第二十、第二十一、第二十三、第二十四编中分别增加了练习题。练习题的增加有的是因为新增了内容所以进行练习题的补充，对于没有新增内容而增补练习的做法也许是因为长泽在经过多年的教学积累认为突氏三角法中的练习题类型相对较少，所以在再版之际才增加了大量练习题以供读者学习之用。

　　另外从目录中也可以看出，1894 年译本和其他 2 个译本的不同之处是该译本在书的最后增加了三角术语的英日对照表和双曲线函数，有关这一点长泽在该书序言中也有提及：

　　"书肆开新堂主人来访请求再版突氏平面三角法，该书为我在数理书院期间所译之书。虽然近来三角法书陆续出版，但购买此书者仍络绎不绝，所以才有此机缘再版。当年川北氏创立数理书院，主要翻译突氏之书。至那以后数学书日益增多，但三角法书都是简单浅显之物，尚没有完备高尚之书供进步学生使用。所以该书才迎来再版之机，开新堂主人此举真乃数学界之幸事。值此再版之际，依新版原书进行了通篇翻译改良，且将竖写改为横写、数学术语完全改用近世学者间袭用之语并按照开新堂出版的英文翻刻本进行校对。为了读者方

---

　　① トドハンター. 平面三角法 [M]. 長澤亀之助, 訳. 東京：共立社, 1928：236.
　　② トドハンター. 平面三角法 [M]. 長澤亀之助, 訳. 東京：共立社, 1928：190.

便在卷末另附公式一览表，而且在最后根据レベット和ダビソン合著的三角法增补了双曲线函数一编，使其更加完善。因现今三角法之书必有此内容，即使突氏在世也一定会将此内容编入书中，只惜突氏已逝，不能亲见双曲线函数的增补，但我深信此内容的增补有非常之必要。

　　希望江湖同行对此书多提忠告建议

　　　　　　长泽龟之助识　明治二十六年十二月"①

　　由此序言可知长泽在 1894 年再版突氏《平面三角法》时，按照当时学者们经常使用的数学术语替换了 1883 年译本中的部分术语，而他在卷末附的英日对照数学术语表以供大家参考。而且根据当时出版三角法书简单浅显的现状，长泽还在 1883 年译本的基础上增补了双曲线函数一章，使该书成为更适合进步学生使用的完备教科书。说明长泽在编撰教科书时既考虑普通学生的需求还将好学生的需求考虑在内。

3.1.2　柯氏《平面三角法》的翻译

3.1.2.1　柯氏及其数学著作介绍

　　柯氏（1820—1891）英文名为 John casey，1820 年 5 月 12 日生于爱尔兰的基尔肯尼，1891 年 1 月 3 日卒于都柏林。他在 9 岁时成为一名孤儿被邻居养大成人，在家乡的学校接受了早期教育。后任职于国家教育委员会和各学校，由于工作努力，1854 年成为爱尔兰中心示范学校校长。他在工作之余开始学习数学并产生了浓厚兴趣，同时还学习了拉丁语、法语、德语。由于他用几何解法成功解决了蓬斯莱问题（Poncelet's Problem）而受到了包括萨勒姆（George Salmon）博士和汤森德（Richard Townsend）教授等众多数学家的关注，并在汤森德教授的推荐下，1858 年进入都柏林的 Trinity College 学习数学。由于学习成绩优秀，在 1859 年和 1861 年分别获得了奖学金，1862 年获得了学士学位。从此开始一直到 1868 年，他曾担任牛津、剑桥和都柏林数学杂志

---

① トドハンター. 中等教育平面三角法教科書［M］. 長澤亀之助，訳. 東京：開新堂，1894：3.

的编辑。

他与国内外许多数学家有过广泛交流，在生活中，他潜心研究数学并获得了许多荣誉。1866 年他被选为爱尔兰皇家科学院成员，并多年担任其理事会成员。1873 年他开始在都柏林天主教大学教授高等数学和物理学，不久便离开了 Trinity College，全身心地投入天主教高等教育。1874 年他被选为伦敦数学学会会员，并在 1875 年被选为英国皇家学会会员。1878 年都柏林会议期间，他曾担任英国协会秘书长。1881 年他被选为皇家大学研究员，同时被任命为大学数学讲师。

他是一个热情敬业的老师，同时将大量时间用在了数学研究上并取得了许多原创性的贡献，特别是几何方面能力突出。主要著作有：

① *On Cubic Transformations*（Dublin，1880 年）

② *A Sequel to the First Six Books of the Elements of Euclid*（Dublin，1881 年）

③ *The First Six Books of the Elements of Euclid*（Dublin，1882 年）

④ *A Treatise on the Analytic Geometry of the Point，Line，Circle and Conic Sections*（Dublin，1885 年）

⑤ *A Treatise on Elementary Trigonometry*（Dublin，1886 年）

⑥ *A Treatise on Plane Trigonometry containing an account of the Hyperbolic Functions*（Dublin，1888 年）

⑦ *A Treatise on Spherical Geometry*（Dublin，1889 年）

3.1.2.2 柯氏《平面三角法》译本介绍

长泽于 1883 年翻译了突氏的《平面三角法》，由于该书的社会需求较大，在 1894 年和 1928 年分别再版发行，说明突氏三角法对于当时的三角法的教育与传播具有积极作用。长泽在 1883 年初版突氏三角法后仅隔 5 年，在该书非常畅销的情况下，为何于 1888 年又翻译出版了柯氏的《平面三角法》？这是我们不得不关注的问题。虽然从突氏《平面三角法》和柯氏《平面三角法》的原序中我们可知这两本书都是出于当时的英国教学而作，但相比柯氏之书，突氏之书的内容更多，难度更大，适用范围更广（图 3 – 2）。

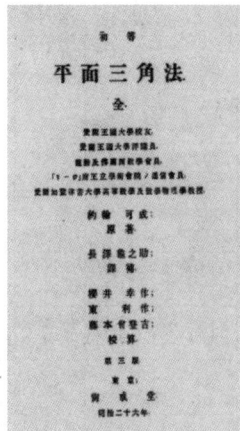

1888年译本　　　　　1890年译本　　　　　1893年译本

图 3 – 2　长泽龟之助译柯氏《平面三角法》译本

就中学教科书而言，显然柯氏之书更加适合。因为按照明治十四年七月二十九日文部省颁布的中学校教则大纲可知当时日本的中学分为初等中学校和高等中学校，初等中学 4 年，高等中学 2 年。所开设课程如表 3 – 4 所示。

表 3 - 4　中学科每周授课时间表①

學科	初等中学科							
	第一前期	第一後期	第二前期	第二後期	第三前期	第三後期	第四前期	第四後期
修身	二	二	二	二	二	二	二	二
和漢文	七	七	六	六	六	六	六	六
英語	六	六	六	六	六	六	六	六
算術	五	五	二					
代數			二	二	二	二	二	
幾何				二	二	三	二	二
三角法							二	二
地理	二	二	二	二	二			
歷史	二	二	二	二	二			
生物							二	二
動物			二	二				
植物					二	三		
金石						二		
物理					二	二		
化學							二	二
經濟							二	二
記簿								二
本邦法令								
習字	二	二	二	二				
圖畫	二	二	二	二	二	二	二	二
體操								
通計	二八	二八	二八	二八	二八	二八	二八	二八

体操ハ適宜之ヲ課スヘシ

① クリスタル. 平面三角法[M]. 長澤亀之助, 訳. 東京: 尚成堂, 1888: Ⅲ-Ⅳ.

续表

學科	高等中學校 第 前期	第 後期	第 前期	第 後期	時間比較 各科授業案
修　身	二	二	三	三	三六
和　漢　文	七	七	七	七	七八
英　語	七	七	七	七	七六
算　術					一二
代　數					一〇
幾　何					一一
三　角　法	二	二			四
地　理					一〇
歷　史					一六
生　物					四
動　物					四
植　物					五
金　石	二	二			四
物　理	二	二	二	三	一一三
化　學		二	二	三	一一
經　濟					四
記　簿	二				四
本　邦　法　令			二		三
習　字					八
圖　畫	二	二	三	三	二六
體　操					
通　計	二六	二六	二六	二六	三二八

體操ハ適宜之ヲ課スヘシ

由此课程表可知，在 6 年的中学数学教育中分别开设算术、代数、几何、三角法 4 种课程。其中前 4 年的初等中学数学教育开设算术、代数、几何，而后 2 年的高等中学数学教育开设三角法。其中算术开设 3 学期，代数开设 5 学期，几何开设 5 学期，而三角法只开设 2 学期。授课时数也远小于其他学科，每周只有 2 学时，每年的教学时数也只有 64 学时，在这么短的教学时间内，要完成突氏《平面三角法》的所有教学内容显然是非常紧张的。其实就是当时英国的中学数学教育要完成突氏《平面三角法》的全部教学内容也并非易事。因为突氏在该书的序中提到："本书编入了普通平面三角法要求的所有问题，为了让学生能够理解该学科的原理还加入了许多练习题，由于不了解学生对于该学科的教学要求，所以本书在编撰过程中使各章独成体系，教师在初次使用此书进行教学时可根据学生的能力选择适当的教学内容。"①而且在该书的目录之后突氏还提示："初学此书的学生可将第 12、第 19 编至第 24 编省略不读"，而这几编正好是三角法中对于初学者比较难的比例部之理论、棣美利氏定理、三角函数的展开式、余弦及正弦的指数值、三角函数的级数、三角函数的因式分解、杂糅问题等。所以面对突氏《平面三角法》，当时的日本中学教师也许不得不对其中内容进行取舍，这样就会给日常三角法教学带来麻烦。

而柯氏《平面三角法》则不同，它的原名为 *A Treatise on Elementary Trigonometry*（Dublin，1886），该书编撰的目的就是为了初学者的三角法教学，所以证明尽量做到简单易懂，必要说明之处要详细论述，但要避免冗长拖沓，每一编之后都要插入习题，而且习题难度要由浅入深。而且该书基于著者初学三角法的经验尽量避开了难点。②所以该书应该是初学三角法的最佳教材。这也许就是长泽在突氏三角法非常畅销的背景下翻译柯氏平面三角法的原因所在。而且随着柯氏不断改进该书，长泽也紧跟柯氏的再版节奏，在 1888 年翻译该书第一

① トドハンター. 平面三角法［M］. 長澤亀之助, 訳. 東京：数人書院, 1883：5 - 6.
② クリスタル. 平面三角法［M］. 長澤亀之助, 訳. 東京：尚成堂, 1888：Ⅲ - Ⅳ.

版之后，在 1890 年和 1893 年分别翻译了该书的第 2 版和第 3 版供日本三角法教学之用。其实长泽在翻译不断更新的英国的三角法教科书的同时也是在学习西方三角法的教学内容。同时还根据自己的教学经验改进了其中的一些错误和不当之处。例如，在第 2 版发行之际，长则就认为书中习题的答案直接附于题后让学生看到不利于教学，从而将所有答案全部附在书后，而且为了学生的学习方便对于原书中没有给出答案的习题，长泽还亲自计算并将答案附于书后。①在翻译出版第 3 版时，长泽发现柯氏对其中新增内容特别是其中的一些习题没有给出答案，有的问题给出答案却不完整，还有的问题答案有误。针对这些给教学带来不便的因素，他开始和东利作、樱井幸作、藤本曾登吉一起合作，并参考了其他三角法教科书的内容专门编写了《平面三角法解》供教师和学生使用。可见他在三角法教学中所做的努力与贡献。

3.2　长泽龟之助自编的三角法教科书

3.2.1　不断改进的自编三角法教科书

长泽在 1883 年翻译了突氏《平面三角法》之后，于 1888 年又引入了柯氏的《平面三角法》，有关长泽翻译这 2 本西方三角法书的背景在上几节已经有所交代，可以说长泽不断翻译不同的西方三角法教科书，主要是为了推进日本中等数学教育教科书的完善，为日本数学教育服务。所以随着日本数学教育制度和教授条目的不断完善，长泽龟之助也与时俱进，不断改进自己的三角法教科书。

1898 年之前日本中学的各科教授条目主要依据 1888 年文部省颁布的第十四号令，以及 1894 年颁布的第七号令。这 2 个号令虽然也对当时各科的教授条目做了规定，但是都比较粗略，所以导致了各学校的教学难度不一、教科书内容混乱，严重扰乱了中学数学教育秩

---

① クリスタル. 平面三角法［M］. 長澤亀之助，訳. 東京：尚成堂，1888：Ⅲ - Ⅳ.

序。为了统一中学各科的教学难度，文部省成立了中学教科细目调查委员会开始着手调查各中学的教学现状，经过各学科专业委员的深入调查形成了中学教科细目调查报告，并将其配发给各中学执行。数学科的调查委员由生驹万治、藤泽利喜太郎、寺尾寿、菊池大麓担任。在该报告中明确规定了中学数学的教授科目为算术、代数学、几何学、平面三角法，并规定了各科的教学时数和具体内容，为数学教科书的编撰与教学提供指导。其中平面三角法的具体教授内容为：

"测角法

锐角三角函数（定义、相互关系、余角、特殊角、表）

直角三角形（解法、应用、实习）

任意角的三角函数（定义、符号的变化、值的变化、余角、补角、负角、相互关系）

二角相关公式（二角和极差的三角函数、倍角及分角的三角函数、三角函数的和差化积）

三角形（边角关系、解法、对数表）

距离、测高法与实习"①

同时为了限定以上的具体内容，在其后的备注中还明确指出了：

"测角法止于六十分法，省略百分法和弧度法

三角函数也可称作三角比

省略正矢、余矢

为了让学生了解三角法的实用性，尽早教授距离、测高法并进行实践

教授三角形的解法与应用计算时先使用三角函数表，然后使用对数表

省略三角函数级数和反三角函数"①

这一教授细目的颁布，规范了中学三角法的教学内容。但与此同

---

① 文部省高等学务局. 寻常中学校教科细目调查报告［M］. 東京：帝国教育会，1898：77.

时也否定了以前杂乱无章的各种三角法教科书，为新三角法教科书的编撰提供了依据。所以在该细目公布的第 2 年，即 1899 年各种基于细目的三角法教科书集中问世。据笔者统计在 1899 年至少有 5 本三角法教科书出版。分别是：

菊池大麓，泽田吾一编《初等平面三角法教科书》，大日本图书，1899 年。

早川万弥编《初等平面三角法教科书》（敬业社，1899 年）。

林鹤一编《初等平面三角法教科书》（博文馆，1899 年）。

长泽龟之助编《中等教育平面三角法教科书》（三木书店，1899 年）。

真野肇，宫田耀之助共著《平面三角法》，三省堂，1899 年。

在此之后，依据细目的三角法教科书陆续出版与再版，当时中学使用较多的还有远藤又藏、三守守、桦正董、寺尾寿等编撰的教科书。其中长泽编的《中等教育平面三角法教科书》应该是长泽编撰的第 1 本三角法教科书，之后分别在 1905 年、1906 年、1911 年、1914 年分别再版，并改书名为《新三角法教科书》，之后于 1925 年再次改版并将书名改为《中等教育新三角法教科书》。每次改版长泽都会根据教学实践反馈来修改其中的部分内容，使其更加适合当时的教学实践。正因为如此，该教科书才从 1899 年初版一直再版用到 1925 年还在再版使用。
1899 年长泽编《中等教育平面三角法教科书》共八编：

第一编　测角法

第二编　锐角三角函数

第三编　直角三角形的解法及应用

第四编　任意角的三角函数

第五编　二角和与差的三角函数

第六编　倍角与分角的三角函数

第七编　三角形的边角关系

第八编　三角形的解法

距离与测高法

第八编后附问题参考答案和附录、附表。

有关增加附录和附表的原因长泽在序言中提到："教科细目中规定测角法内容止于六十分法，但有必要让学生了解弧度法，所以将其大意附于附录中。对数在代数学中已经学过，三角法中只讲其用法，而且在正文中何处插入该内容不好定夺，所以干脆将其放入附录中供学生需要时使用。另外，三角函数表和三角函数的对数表如果置于三角形的解法之前不利于整体内容的衔接，三角函数表在第三编直角三角形的解法中就要用到，但是在此之前插入三角函数表不合适之处甚多，所以断然将其放在附录中。附表参考了高斯和温德华之书，在解决实际问题时可以使用，当然也可另用他表。"①从该教科书的序言可知，长泽基本上按照1898 年文部省公布的教科细目进行编撰，但也根据自己多年的译书和教学经验适当调整了各内容的先后顺序，为了整体教学过程的流畅，还将一些和整体内容不太衔接的部分放到附录中。虽然在教科细目中明确规定"测角法止于六十分法，省略百分法和弧度法"，但长泽认为在中学三角法教学中有必要讲授弧度法，于是在附录中增加了弧度法的内容。

1899 年编《中等教育平面三角法教科书》出版之后，在全国各中学广泛使用。各中学的任课教师及时将该书的使用心得与建议反馈给长泽，长泽结合各中学任课教师的建议于 1905 年进行改版。②新版教科书名为《新三角法教科书》。

新教科书最大的变化是为了弥补正文问题不足在附表后又增加了补习题，补习题按照目录出现的先后顺序编排，同时增加了三角形的性质、反三角函数、三角方程式等正文未涉及的内容。增补这些内容可以为高等中学入学考试提供练习之用。由于各学校教师一致反映用任意角的正弦来表示半角的正余弦这样的公式，学生掌握起来存在困难，所以将其从正文中删去，置于后面的补习题中。对于旧书书后所附对数表和三角函数表各学校教员意见不一，一派认为应该另外重新编撰更为精确的对数表，另一派则认为维持旧书附表即可。长泽为了满足两派的愿望，依

---

① 長澤龟之助. 中等教育平面三角法教科書［M］. 大阪：三木書店，1899：Ⅲ – Ⅳ.
② 長澤龟之助. 新三角法教科書［M］. 東京：日本書籍株式会社，1905：1.

旧将对数表置于新教科书之后，同时另外编撰了更为精确的新对数表。①

　　另外，针对《新三角法教科书》正文的改进及补习题的增加，长泽担心各中学教员不知该如何使用该教科书。为了解决此问题，长泽于该教科书出版的同一年还编撰了《新三角法教科书教员参考录》，就是现在所谓的教师参考书。在参考录中不仅明确指出了各章节该如何教授，还在后面给出了课后题和补习问题的详细答案，为教员的日常教学工作提供了方便（图 3 –3）。

图 3 –3　1905 年长泽编《新三角法教科书目录》

　　1906 年长泽将《新三角法教科书》再版，但结构和内容都和 1905 年版基本相同，在此不再赘述。1911 年长泽在 1906 年版本的基础上又改版，最大变化是在补习题后又增加了考试题，增加了 15 年来中学毕业生考各官办学校的入学试题，特别是 1910 年和 1911 年的试题几乎全部收录。长泽将这些试题按教科书章节内容进行分类编排，为教员将这些考试题灵活运用于教学中提供了方便，也有利于让学生把握考试动向，提高升学率。为了学生将三角法知识应用于实践，还在书末补充进简易测

---

① 長澤龜之助. 新三角法教科書［M］. 東京：日本書籍株式会社，1905：1 –4.

量术。1914 年长泽在 1911 年《新三角法教科书》的基础上又一次改版，主要改正了书中个别错误，采取了更精确的对数表。1925 年，长泽去世的前 2 年，根据当时新的教授要目再次对教科书进行改版，将书名改为《中等教育新三角法教科书》，长泽在序言中提到："本教科书是在对全国现行的主要教科书进行比较研究的基础上，并听取了全国各教员的建议编撰而成，特别是经过和教员进行讨论，商定将本书之前的文语体改为口语体。"①在结构与内容方面主要是将复习题和考试题都放到附录中，并增加了导数的内容。

总之，长泽从 1899 年开始编撰第 1 本三角法教科书，出版之后的 26 年来，他还一直关注其使用情况和优缺点，并不断按照各个时期的教授要目和各学校教员的教授建议进行改进，以满足不同时期教学之用，遇到难以取舍的问题时，还和一线任课教员进行讨论决定。所以长泽的教科书是教授要目和教学实践相结合的产物，更加符合当时的三角法教学的需要。

3.2.2　自编三角法教科书在日本中等数学教育中的地位

长泽的三角法教科书可以分为 2 类：第一类是他翻译西方的，第二类是他自己编撰的。1883 年突氏《平面三角法》教科书译成，在日本自编教科书已很成熟的 1928 年还再版，使用半个世纪，可见其受欢迎的程度。1888 年长泽为了进一步丰富中学三角法教科书，引入柯氏《平面三角法》教科书，没想到该书受欢迎程度超过了突氏之书。所以长泽在 1890 年和 1893 年分别再版该书。这些教材的广泛使用，使一些数学教育者开始注意到柯氏之书的优点，1893 年上野著述的《けじ一氏初等平面三角法講義録並例題解》和熊泽镜之介翻译的《初等平面三角法》，以及 1895 年佐之井愿甫翻译的《初等平面三角法》都是出自柯氏平面三角法。所以在引进西方三角法教科书方面，长泽始终走在前列，可见他高瞻远瞩的智慧。

长泽所译的突氏和柯氏著作也成为日本学者自编之前使用最多的教

---

① 長澤亀之助. 中学教育新三角法教科書 [M]. 東京：成美堂，1925：1.

科书。1893 年菊池大麓和泽田吾一编撰的《初等平面三角法教科书》，还有 1895 年东京数理专修学校的武藤铁吉著述的《平面三角法教科书》是日本学者自编三角法教科书之始。1898 年中学教科细目调查报告颁布之后，自编此类书多起来，主要的编撰者有远藤又藏、菊池大麓、长泽龟之助、桦正董、寺尾寿、林鹤一等。当时谁的教科书最受欢迎？由于时间久远、资料不足，现在已难以考证，但是我们从田中伸明和上恒涉的论文"明治後期における中等学校数学教科書の様相"中窥见端倪。按照该论文的统计，明治 40 年（1907 年）各三角法教科书在各地中学的使用情况如下。

远藤又藏《平面三角法教科书》　　　　　　　　　　　83 校

菊池大麓，泽田吾一《初等平面三角法教科书》　　　　48 校

长泽龟之助《新三角法教科书》　　　　　　　　　　　30 校

长泽龟之助《中等教育三角法教科书》　　　　　　　　22 校

桦正董《平面三角法教科书》　　　　　　　　　　　　15 校

三守守《初等平面三角法》　　　　　　　　　　　　　11 校 ①

明治 43 年（1910）三角法教科书在日本各中学的使用情况如下。

远藤又藏《平面三角法教科书》　　　　　　　　　　110 校

林鹤一《新撰平面三角法教科书》　　　　　　　　　　57 校

菊池大麓，泽田吾一《平面三角法小教科书》　　　　　29 校

长泽龟之助《新三角法教科书》　　　　　　　　　　　28 校

寺尾寿，吉田好九郎《中学校数学教科书平面三角法之部》　9 校

三守守《初等平面三角法》　　　　　　　　　　　　　　9 校

桦正董《平面三角法教科书》　　　　　　　　　　　　　8 校 ②

由此可知，在明治四十年长泽龟之助编撰的《中等教育三角法教科书》和改版之后的《新三角法教科书》加起来共有 52 个学校在使用。已经超过了大学派菊池大麓编撰的教科书，仅仅屈居于远藤的《平面三

---

① 田中伸明，上恒涉. 明治後期における中等学校数学教科書の様相［J］. 三重大学教育学部研究紀要，2015，66：310.

② 田中伸明，上恒涉. 明治後期における中等学校数学教科書の様相［J］. 三重大学教育学部研究紀要，2015，66：311.

角法教科书》之后，位居第二。明治四十三年，长泽教科书的使用量虽在下降，但还是排在全国第 4 位的位置。通过分析远藤又藏、林鹤一的三角法教科书目录，都是锐角三角函数→直角三角形→一般角的三角函数→对数→一般三角形这一顺序，和长泽编撰的三角法教科书的顺序完全一致。可见长泽的三角法教科书在当时的日本中学教学中始终处于主流地位。这完全得益于他之前翻译西方教科书的知识积累和广泛征求任课教员意见。

3.3　长泽龟之助在三角法术语统一方面的贡献

3.3.1　长泽龟之助与日本数学术语的统一

　　明治初期日本的数学术语非常混乱。当时数学术语的来源主要有三：其一是汉译西方数学著作里使用的术语。19 世纪下半叶，传教士和中国数学家们翻译了大量的数学名词术语。其中尤其是伟烈亚力和李善兰的贡献颇大。1859 年出版的《代微积拾级》里附有 330 个英文的数学名词术语及其译语的对照表。还有《代数学》《微积溯源》里面的术语都为日本学者翻译西方数学著作提供了参考。长泽龟之助在翻译突氏《微分学》时就曾参考过其中的数学术语。例如，Algebra－代数学，Differential－微分、Equation－方程式、Integral－积分等就来源于汉译西书。其二是和算书里使用的术语。江户时代 250 年间继承和发展的和算也确定了不少数学名词术语。和算家刚开始教授西方数学之时，就曾用和算用语对译西方数学名词术语。其中，典型事例就是用"点窜"对译西方的"代数学"。幕府末期、明治初期在教授西方的数学教育机构里，"点窜"成了 Algebra 的译语。用和算用语代替西方数学名词术语的译语在一定时期内，为日本接受西方数学提供了方便，但不可能在和算领域找到所有能够对译西方数学术语的名词，所以新时代的数学专家们，在自己了解西方数学术语原意的基础上，尝试创造新的数学名词术语。此为日本数学术语来源之三。

　　这种数学术语的多源性是明治初期日本数学术语不统一的原因之

一。另外，在这个时候，翻译西方数学著作的运动开始盛行，出现了所谓"翻译全盛时代"。不同译者所译数学著作的术语也会因个人学术背景和学术水平的差异而各不相同。所以，这一时期的数学家翻译出版西方数学著作时，有意识地把数学名词术语放到译本的卷首，以优先展示译书中使用的用语表。例如，明治十一年（1878）克拉克口述，山本正至、川北朝邻翻译的《几何学原础》凡例之后就列出了英日对照的71 个几何术语。并指出了这些术语是当时常用之语，故而在该书的后续几卷中使用。另外，明治初年还出现日本数学家编辑出版的数学名词术语集和数学词典等。明治四年，桥爪贯一出版了《英算独学》，该书以罗马字母顺序排列出算术和三角法有关的 109 种原语和译语。明治五年，桥爪出版了数学、天文学相关的日英数学辞典《童蒙必携洋算译语略解》，开头的"索引"按日语字母顺序排例译语和与其相应的西方数学术语，并附有插图补充说明。

明治十一年，山田昌邦所著《英和数学辞书》是日本比较系统的数学名词术语词典。根据著者在其序言中的记录，这本词典主要选自戴维斯的数学字典，而其译语则主要参考了日本前辈所用术语和汉译西书。还有个别没有对应译语的，山田自己进行了创制（图 3 - 4）。

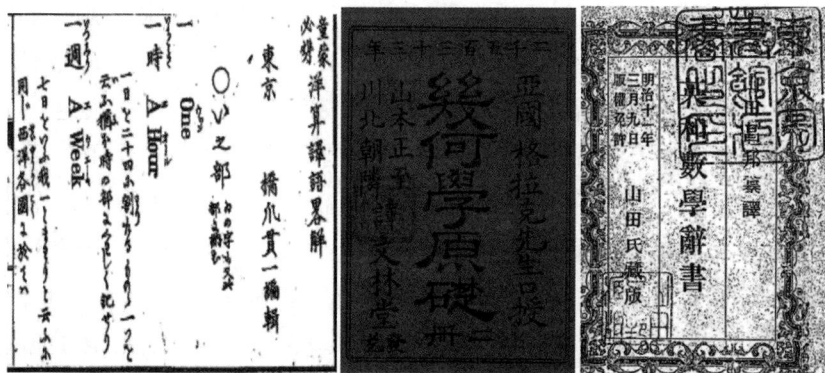

图 3 - 4　明治初期术语统一相关书籍

"数学会社"成立的明治十年，出版了很多译自西方的数学著作。但是，数学名词术语的译语仍不统一。一个数学名词对应多种日语译语，与之相反的状态也比较普遍存在。例如，如今的公理相对应的 Axiom 的译语就有公论、公理、格言、公则等多种翻译。还有如今，译成直角三角形的 right - angled triangle 或 right triangle 相对应的是正三角形、直三角形、直三形、直角三角形、勾股形等多种译语同时存在。就这样，数学名词术语不统一已变成当时日本数学界亟须解决的重要课题。数学会社将解决这一燃眉之急的课题作为他们的使命来完成。

东京数学会社成立于 1877 年，是日本数学物理学会的前身，对明治时期日本数学的发展做出了重要贡献。为了统一数学术语，东京数学会社于 1880 年设立了译语会，由议长、副议长、提案者、定议员及记录员组成。最初议长为会社社长柳楢悦，副议长为冈本则录，提案者是中川将行，秘书为冈敬孝，定议员有 24 位，分别是：山本信实、福田理轩、冈本则录、肝付兼行、中川将行、驹野政和、菊池大麓、古家政茂、大村一秀、川北朝邻、矶野健、镜光照、赤松则良、伊藤直温、荒川重平、真野肇、平冈道生、真山良、滨田晴高、远藤利贞、田中矢德、堀江当三、岩永义晴、白井正义。①之后虽然也有新入会员或退会会员，但在译语统一过程中起主要作用的冈本则录、肝付兼行、中川将行、菊池大麓、大村一秀、川北朝邻、荒川重平、真野肇等，始终坚持推进译语会的工作，对当时统一译语贡献很大。译语会从 1880 年 9 月开始到 1884 年 3 月共开会 26 次，决定算术术语 171 个、代数学术语 84 个、几何及其他术语 133 个。每次开会都是由草案者提出议案，然后由定议员发表意见，最后表决决定。此时决定的术语对后来日本学者翻译西方数学书起到了积极作用。而且东京数学会社更名为东京数学物理学会之后，数学术语的统一工作并没有结束，在菊池大麓、寺尾寿、三轮桓一郎、川北朝邻等数学家的推动下，在东京数学会社统一术语的基础上将术语增加到了 500 个，并将其刊登在《东京数学物理学会记事》卷 3（1886）的第 190 页至第 208 页。②长泽在进行数学翻译时就曾参考过其中的术语。

---

① 财团法人日本私学教育研究所. 明治初期における東京数学会社の訳語会の記事 [M]. 东京：日本私学教育研究所，1999：15.
② 萨日娜. 清末中国と明治期の日本における西洋数学の受容：両国間の文化と教育における交流を中心に [D]. 东京：東京大学大学院総合文化研究科，2008：138.

另外，因为长泽译书较多，对一些术语翻译体会深刻，有自己独到的见解。而且他一直在默默地推动明治时期数学术语的统一与传承。长泽于 1880 年加入东京数学会社，并于 1881 年 6 月被选为译语会定议员，直接参与了译语会的数学术语统一工作。同年长泽还接替中村宗次郎成为译语会的记录员。不仅记录了当时各议员在译语统一过程中的意见，还亲自编辑了译语会记录第一集和第二集，并分别刊登在东京数学会社杂志第 42 号和第 44 号的附录中。所以长泽对当时译语会统一的术语非常熟悉，这也为他的翻译工作提供了方便。同时他对当时的一些术语也有自己独到的见解。他在东京数学会社杂志的第 41、第 42、第 43、第 44 号上连续发表了"曲线说"，其中详细介绍了悬链线（Catenary）、双纽线（Lemniscata）、蔓叶线（Cissoid）、心脏曲线（Cardioid）、曳形线（Tractory，曳物线，等切面曲线，trac-trix）的由来、方程式及证明过程。

在提到悬链线时，他指出中国人在《代微积拾级》中译作"两端悬线"，在《微积溯源》中译作"輨腰线"，而日本当时常常译作"锁线"，而长泽将其译为'悬链线'。因为长泽认为"如果将一个粗细均匀、能够自由弯曲但不能升缩的铁锁或绳子的两端固定在一个垂面内，那么由于重力，这个铁锁或绳子的中间必然要向下垂，所以应该译作'悬链线'，而且这一译法更加形象有利于桥梁建设工作"。①可见，长泽在斟酌译名时不仅注意该译名在数学表达上的贴切性，还考虑到了实际应用层面的便利性。

在提到"双纽线"时，长泽指出在中国未闻此译名，因为该曲线以中间的"纽"连接，均匀分布在 y 轴两侧，故而名曰"双纽线"。而在提到"蔓叶线"时，则详细叙述了蔓叶线在西方最初是由丢格尔斯发现，所以在西方就以他的名字命名为"丢格尔斯蔓叶线"，而在《代微积拾级》中则以屈原的《离骚》中"贯薜荔之落叶"为依据，命名为"薜荔叶线"，薜荔是一种香草，因其叶的形状酷似蔓叶线，

①　J - STAGE. 東京数学会社雑誌第 41 号：https：//www. jstage. jst. go. jp/browse/sugakukaisya1877/ - char/ja/, 1881：10 - 12.

故而得名。在《代数术》中综合以上 2 种译法将其译为"蔓叶线"，一直流传至今。①因长泽在确定译名时，不仅考虑该译名关联的历史，还注重该译名在实际应用中的便利性，所以他对于曲线的这些译名一直到现在还在广泛使用。

另外，他的老师、数理书院的创立者川北朝邻也自始至终参与了东京数学会社和后来的东京数学物理学会译语会的术语统一工作。而且长泽在数理书院翻译的书都由川北校阅，他们合作译书在数学术语的统一与传承方面功不可没。但是数学术语的统一绝不是一蹴而就的，也不是区区几百个就能概括。对于那些译语会没有涉及术语和那些不断出现的新术语，是后来的翻译者不得不面对的问题。长泽在整个明治和大正时期都在从事数学翻译工作，他的译著可以从一个侧面反映出日本学习西方的步伐，他所使用的术语也是日本数学术语逐渐走向统一的一个缩影。

东京数学会社和东京数学物理学会译语会的工作一定程度上解决了当时面临的术语混乱的问题。藤泽利喜太郎在此基础上将当时的主要术语编成的字典《数学二用并ル辞ノ英和对訳辞书》（1889）是对当时统一术语的一个总结。此外，1903 年海军教育本部还编写了《数学译语集》，总结了当时的主要数学术语。在此之后，长泽及其他数学学者的译书中还附有英日术语对照表。说明当时还有部分术语存在异议。其实日本学术用语的统一工作直到昭和二十一年（1946）还在继续，虽然在明治、大正时期已经有一些理工科的学会统一过一部分术语，并出版了该学科的用语集。但还有很多学科的术语没有统一，所以昭和二十二年（1947）二月，在文部省的统一指导下，成立了学术文献调查特别委员会学术用语制定科会开始了新学术用语的制定审议工作。在该科会的组织下，分别制定出版了各科《学术用语集》，其中《数学编》1954 年由大日本图书出版发行。

其实数学术语的统一会伴随数学发展的始终，随着数学领域的不

---

① J‐STAGE. 東京数学会社雑誌第 41 号：https：//www. jstage. jst. go. jp/browse/sugakukaisya1877/‐char/ja/，1881：10‐12.

断拓宽、数学知识的不断更新，我们总要面对不断出现的新术语。

3.3.2　长泽龟之助对三角法术语统一的贡献

长泽从 1881 年开始了他翻译西方数学书的生涯，一直到 1885 年所译之书基本上都是突氏之作。1883 年突氏《平面三角法》译本就是在这一时期完成的。而这一时期正是日本的一些学者们开始认识到数学术语的混乱并提议将其统一的时期。当时对统一数学术语贡献最大的要数东京数学会社。明治十三年（1880）东京数学会社下设译语会，主要统一了算数、代数、几何、数学符号等术语。同时还协同工业协会一起统一了其他术语，并于 1886 年以 "SUGAKU YAKUGO" 命名刊登在东京数学物理学会记事（1886 年）卷三的第 190 至第 208 页。① 该记事分别给出了一个术语英语、法语、德语和日语的对译词共计 518 个。其中：

数学诸科，24 个；算数上套言，162 个；

东京数学会社及工业协会联合译语会决议，99 个；

代数上套言，110 个；几何学上套言，123 个。

在此之后，1889 年东京数学物理学会已经出版了物理学用语译语辞典，但唯独没有数学用语译语辞典的诞生，所以东京数学物理学会会员、理学博士、帝国大学教授藤泽利喜太郎（1861—1933）以 SUGAKU YAKUGO 中的术语为基础，同时参考了东京数学物理学会出版的《物理学用语译语辞典》、工学协会出版的《工学词汇》及寺尾寿（1855—1923）的《算数教科书》和菊池大麓（1855—1917）的《初等几何学》，编撰了《数学ニ用イル辞ノ英和对訳辞書》。② 这是当时比较完备的数学用语辞典。虽然如此，该辞典也只收录了 2000 多个译语。不可能将所有译语收录其中，所以对于那些没有收录的译语只有译者们在翻译中不断探索。所以当时的译著很多都会在开头或末尾给出书中所用译语对照表。长泽龟之助就曾在 1893 年柯氏《平面三角法》译本，和 1894 年突氏《平面三角法》译本的后面附有三角法术语表。这也许就

---

① 山口清. 藤澤利喜太郎. "数学ニ用イル辞ノ英和对訳辞書" について［J］. 九州产业大学国际文化学纪要，1998，11：115–134.

② 藤澤利喜太郎. 数学ニ用イル辞ノ英和对訳辞書［M］. 東京：博文社，1899：序.

是长泽为了统一三角法术语所做的努力。柯氏《平面三角法》1893 年译本的第 132 至第 134 页中长泽分别给出了英日、日英术语对照表，共计术语 43 个（图 3 – 5）。而在突氏《平面三角法》1894 年译本第 321 页中则给出了英日术语对照表，共计术语 45 个（图 3 – 6）。

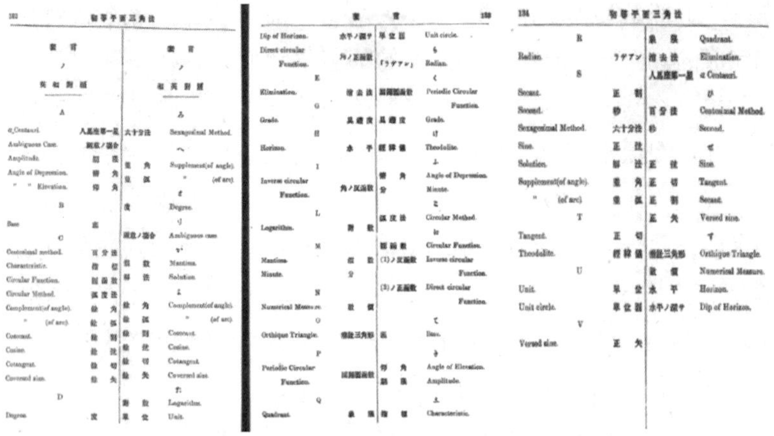

图 3 – 5　长泽 1893 年柯氏《平面三角法》译本术语表

图 3 – 6　长泽 1894 年突氏《平面三角法》译本术语表

说明在 1894 年左右，日本的三角法术语还没有彻底统一。而长泽将术语表附于书后就是为了给读者提供方面，同时希望将这些术语公布于世。下面来分析长泽 1893 年翻译柯氏《平面三角法》和 1894 年翻译突氏《平面三角法》所附术语表排除重复后的 57 个术语和 1889 年藤泽利喜太郎的《数学二用イル辞ノ英和对訳辞书》（以下简称藤泽字典）中术语的异同（表 3 - 5）。

表 3 - 5　长泽译著三角术语表和藤泽字典三角术语之比较

序号	原语	1893 年柯氏译本	1894 年突氏译本	藤泽字典
1	a Centauri	人馬座第一星	无	无
2	Ambiguous Case	両意の場合	両意の場合	復意の場合
3	Amplitude	期限	无	Amplitude of os-cillation 振幅
4	Angle of Depressin	俯角	俯角	Depressin 下り
5	Angle of Dlevation	仰角	仰角	高角
6	Base	底	底	基線
7	Centesimal Method	百分法	百分法	无
8	Characteristic	指標	指標	指標
9	Circular Function	圓函數	圓函數	圓函數
10	Circular Method	弧度法	弧度法	无
11	Common Logarithm	无	常用対数	常用対数
12	Complement of Angle	餘角	餘角	餘角
13	Complement of Arc	餘弧	餘弧	餘弧
14	Cosecant	餘割	餘割	餘割
15	CoSine	餘弦	餘弦	餘弦
16	Cotangent	餘切	餘切	餘切
17	Coversed Sine	余矢	余矢	余矢
18	Degree	度	度	次（度）
19	Dip of Horizon	水平ノ深サ	无	无

序号	原语	1893 年柯氏译本	1894 年突氏译本	藤泽字典
20	Direct Circular Function	角ノ正函数	无	无
21	Expansion	无	開散式	展開
22	Exponential Series	无	指数級数	指数級数
23	Elimination	消去法	消去法	逐ヒ出シ
24	Goniometrical Function	无	測角函数	无
25	Grade	具體度	佛度	无
26	Horizon	水平	水平	地平線
27	Indeterminate Co – efficient	无	未定係数	不定係数
28	Inverse Circular Function	角ノ反函数	无	无
29	Inverse Trigono-metric Function	无	反三角函数	反三角函数
30	Iogarithms	対数	无	対数
31	Logarithmic Series		級数対数	対数級数
32	Mantissa	假数	假数	假数
33	Modulus（of log.）		対数率	対数率
34	Minute	分	无	分
35	Numerical Measure	数價	无	无
36	Orthique Triangle	垂趾三角形	无	无
37	Periodic Circular Function	回帰圆	无	无
38	Plane Trigonometry		平面三角法	平面三角法
39	Quadrant	象限	象限	象限，四分圓
40	Radian	ラヂアン	ラヂアン	ラヂアン
41	Secant	正割	正割	正割

续表

序号	原语	1893 年柯氏译本	1894 年突氏译本	藤泽字典
42	Second	秒		秒
43	Sexagesimal Method	六十分法	六十分法	无
44	Sine	正弦	正弦	正弦
45	Solution	解法	解法	解、解方、解式
46	Spherical Trigonometry		球面三角法	球面三角法
47	Supplement（of Angle）	並角	並角	補角
48	Supplement（of Are）	並弧	並弧	无
49	Tangent	正切	正切	切線
50	Theodolite	経緯儀	経緯儀	テヲトライト
51	Theory of Proportional Part	无	比例部の理論	无
52	Triangle	无	三角形	三角形
53	Trigonometrical Function	无	三角函数	三角函数
54	Trigonometry	无	三角法	三角法
55	Unit	单位	单位	单位
56	Unit Circle	单位圆	无	无
57	Versed Sine	正矢	正矢	正矢

由表 3-5 可知长泽和藤泽对于当时大部分数学术语的翻译及翻译倾向完全一致。例如，三角法、正弦、余弦、正切、余切、象限、三角形、三角函数、对数等的翻译就完全一致。而对于 Expansion 的翻译，虽然开始长泽采用了"開散式"，但后来还是改为"展開式"，这和藤泽字典中的"展開"一致。还有当时对于一些西方的专有名词、人名、地名等的翻译也由之前的多用汉字表述改为使用片假名音译的方法。例如，长泽

在 1894 年译本中对于 Taylor's theorem、Delambre's method、Maskelyne's method、De moivre's theorem 等定理分别译为了"戴劳氏ノ定理""棣蘭巴氏ノ法""馬斯格臨氏ノ法""棣美利氏定理",而在 1928 年译本中则分别改为了"テイロル氏ノ定理""ドランブル氏ノ法""マスクリン氏ノ法""ドモアーブル氏定理",用片假名替换了之前的汉字。同样藤泽字典中也有将 Theodolite 的译名由"経緯儀"改为了"テヲトライト"等类似的倾向。但也有一些术语长泽和藤泽存在分歧。主要集中在如下的 22 个术语中(表 3–6)。

表 3–6　长泽术语表和藤泽字典的不同术语比较

序号	原语	1893 年柯氏译本	1894 年突氏译本	藤泽字典
1	Amplitude	期限	无	Amplitude of Oscillation 振幅
2	Angle of Depressin	俯角	俯角	Depressin 下り
3	Angle of Elevation	仰角	仰角	高角
4	Base	底	底	基線
5	Centesimal Method	百分法	百分法	无
6	Circular Method	弧度法	弧度法	无
7	Degree	度	度	次(度)
8	Dip of Horizon	水平ノ深サ	无	无
9	Direct circular Function	角ノ正函数	无	无
10	Expansion	无	開散式	展開
11	Elimination	消去法	消去法	逐ヒ出シ
12	Goniometrical Function	无	測角函数	无
13	Grade	具體度	佛度	无
14	Horizon	水平	水平	地平線
15	Inverse Circular Function	角ノ反函数	无	无
16	Numerical Measure	数價	无	无

续表

序号	原语	1893 年柯氏译本	1894 年突氏译本	藤泽字典
17	Orthique Triangle	垂趾三角形	无	无
18	Periodic Circular Function	回帰圆	无	无
19	Sexagesimal Method	六十分法	六十分法	无
20	Supplement （ of Angle）	並角	並角	補角
21	Supplement （ of Are）	並弧	並弧	无
22	Theodolite	経緯儀	経緯儀	テヲトライト

其中的不同之处可以分为以下 2 种情况。

①在长泽术语表中出现的术语，在藤泽字典中却没有提到。说明藤泽编撰的《数学二用イル辞ノ英和对訳辞書》不够全面，也从侧面反映出长泽译著后附术语表的原因所在。例如，长泽术语表中的 Centesimal Method（百分法），Circular Method（弧度法）、Sexagesimal Method（六十分法），Angle of Depressin（俯角），Supplement（of Are）（並弧），Grade（具體度、佛度）等很多术语在长泽翻译的突氏及柯氏三角法书中都有出现，而且都出现在藤泽编撰字典之前，但遗憾的是藤泽在编撰字典时根本没有注意到这些术语的存在。其实 Centesimal Method（百分法），Sexagesimal Method（六十分法），Grade（具體度、佛度）在突氏的《平面三角法》书中的第一编的第二项中就明确提到了这些术语。而且长泽在翻译时也经过了深思熟虑，在几经改版后才最终确定下来。

1883 年译本的第一编是"度及百分度测角法"，而 1894 年译本、1928 年译本第一编都是"度及ビ佛度ニテ角ヲ測ル"。由此可知 1883 译本中长泽将第一编 Measurement of Angles by Degrees or Grades 中的"Grades"译为"百分度"，而其他 2 个译本中则译为"佛度"。其实在 1883 年译本中长泽翻译 Degrees 和 Grades 时存在困难，虽然他明白 Degrees 是将直角 60 等分，为英吉利法，也叫六十分法，而 Grades 是将直角 100 等分，属法兰西法，也叫百分法。但是在第一编的第五章中对于原文：

"In this method a right angle is divided into 100 equal parts called grades, a grade is divided into 100 equal parts called minutes, and a minute is divided into 100 equal parts called seconds."①

长泽将其译为："其法一直角ヲ一百等分シテ 度ト名ケ一度ヲ一百等分シテ分ト称シ亦一分ヲ一百等分シテ秒ト云フ。"②

从该译文中可知长泽将 Grades 译为了"度"，Minutes 译为了"分"，Seconds 译为了"秒"，这样就和英吉利法中的 Degrees、Minutes、Seconds 的翻译方法完全一样，容易使读者混淆视听。所以在 1894 年改版时才把法兰西法的"度""分""秒"的前面冠以"佛"字，译为了"佛度""佛分""佛秒"以区分英吉利法。至此，长泽才将"六十分法"和"百分法"中的 Degrees 和 Grades 完全区分开来。

而藤泽字典中对于 Degree 的译法如下：

Degree	次
Degree of an Eqution	方程式ノ次
Degree of Latitude	緯度
Degree of Longitude	経度③

可见，藤泽将 Degree 明确译为了代数中的"次"，但从下面"维度""经度"的译法中也可推知 Degree 可翻译为"度"。对于 Grade 的译法却没有提及。所以藤泽字典总结出的术语并不全面。另外突氏在原书中称百分法为 Centesimal Method，而在 SUGAKU YAKUGO 中统一的"百分法"却为 Percentage，所以在当时也存在同一译语对应不同原语的情况。

②长泽和藤泽对于同一英文术语有各自不同日文翻译。下面术语括

---

① Isaac Todhunter. Plane Trigonometry for the use of Colleges and Schools [M]. London: Macmillan And Co., 1880：2.

② トドハンター. 平面三角法. [M] 長澤亀之助，訳. 東京：数理書院，1883：3.

③ 藤澤利喜太郎. 数学ニ用イル辞ノ英和対訳辞書 [M]. 博文社，1889：11.

号中前面是长泽术语表中的术语，后面是藤泽字典中的术语。例如，Angle of Elevation（仰角、高角），Base（底、基線），Expansion（開散式、展開），Supplement of Angle（並角、補角），Elimination（消去法、逐ヒ出シ），Horizon（水平、地平線），Theodolite（経緯儀、テヲトライト）等。长泽和藤泽都曾直接参与了东京数学会社译语会术语统一的工作，从这些术语的沿用来看，他们两人后来对于术语选择的倾向有异，例如，Base、Elimination 这 2 个术语在东京数学物理学会的 SUGAKU YAKUGO 中就曾统一翻译为"底""消去法"，长泽在其术语表中就沿用了这一译法，而且在 1902 年，海军教育本部也曾编撰了《数学译语集》，其中也沿用了这一译法，一直沿用至今。藤泽字典虽然是以东京数学物理学会统一的 SUGAKU YAKUGO 为基础编撰而成，但对于这 2 个术语却译为了"基線"和"逐ヒ出シ"，也就是说藤泽对其中个别术语进行了改动，但是没有被后世所接受。反倒长泽一直按照当时数学界普遍使用的译语来更新自己的术语表，使术语和现在的术语完全一致。

　　但是，长泽在翻译中仍然存在用相同译名表述不同对象的问题，例如，对于"Supplement of Angle"和"Subsidiary Angle"的翻译就有上述倾向，具体翻译情况如表 3 - 7 所示。

表 3 - 7　长泽突氏三角法译本中的"補角"翻译

原语	1883 年译本	1894 年译本	1928 年译本
Supplement	外角	補角	補角
Subsidiary Angle	補角	輔角	補角

　　由表 3 - 7 可知，长泽在 1883 年译本中将 Supplement 译为"外角"，而将 Subsidiary Angle 译为"補角"。那么当时的"外角"其实就是现在中日数学中所谓的"补角"，而当时的"補角"则应该是指现代数学中的"辅助角"。后来 1886 年东京数学物理学会在 SUGAKU YAKUGO 中将 Supplementary Angle 的译语定为"補角"。长泽当时就是东京数学物理学会会员，应该知道这一译语。所以他才在 1894 再版突氏《平面三角法》时参照该译语将"外角"改为"補角"。这样一来他又不得不面

对新的译语问题，即 1883 年他将 Subsidiary Angle 译为"補角"显然不太合适。于是他在 1894 年对于 Subsidiary Angle（補角）的处理方法则是为了区别 Supplement（補角）而将其译为"輔角"。但不可思议的是，到了 1928 年，长泽又一次将其改回了 1883 年译本确定的"補角"。这样一来在同一书中就出现了意义完全不同的 2 个"補角"。其实这 2 个术语在 1889 年的藤泽字典中已经确定。下面是藤泽字典中对这 2 个术语的翻译：

Supplement	補
Supplemental Triangle（S. T.）	補三角
Supplementary	補
Supplementary Angle	補角
Subsidiary	補助
Subsidiary Angle	補助角[①]

上面提到长泽在 1893 年柯氏《初等三角法》附三角术语表和 1894 年突氏《平面三角法》附三角术语表中 Supplement 的译语如下：

Supplement（of Angle）	並角
Supplement（of Are）	並弧

由此可知长泽在 1893 年和 1894 年试图以"並角"翻译 Supplement。而且在 1893 年柯氏《初等三角法》译本中确实将 Supplement 译为了"並角"。不可思议的是在 1894 年突氏《平面三角法》附三角术语表中将 Supplement 译为了"並角"，但在书中却使用了"補角"。这也许是长泽在 1894 年制作术语表是参照了 1893 年的术语表，忘记了将"並角"替换为"補角"。可以确定在 1894 年突氏平面三角法译本中长泽最终将 Supplement 的译语确定为"補角"。但不得不承认长泽在确定 Supplement 这一术语时几经周折，在 1883 年时首先将其翻译为"外角"，在 1886 年看到"SUGAKU YAKUGO"统一的术语时将其改为"補角"，但为了区别同书中 Subsidiary angle 的译语"補角"，1888 年和

---

① 藤澤利喜太郎. 数学二用イル辞ノ英和対訳辞書［M］. 博文社，1889：33.

1890 年又分别试图以"並角""並限"来翻译 Supplement，直到最终确定为"補角"。但直到长泽去世之前再版的 1928 年译本中还没有完全解决 Subsidiary Angle 的翻译问题。

但长泽从 1881—1927 年从不间断地坚持数学翻译，在数学术语统一与引进西方数学知识方面贡献卓著。他兢兢业业致力于日本数学术语的统一，同时也见证了这一过程。因为有长泽、藤泽等许多数学家和学者的参与，日本的术语才最终走向了统一。从长泽不同时期翻译的三角法教科书中可以清楚地看到 Supplement（外角—補角）、Theorem（法式、定义 – 定理）、Modulus（根率—对数率）、The Tables of Trigonometrica Functions（六線表—三角函数表）、Solution（解式—解法）、Sector（分圓形—扇形）、Arithmetical Progression（算数垛 – 等差级数）、Regulan Polygon（整多角形—正多角形）、Exponential Values（指数价—指数值）、Factors（因子—因数）、Formular（範式—公式）等许多三角法术语的统一轨迹和作为译者的长泽在术语统一中的贡献。

3.4　本章小结

长泽龟之助从长崎师范学校毕业后不久便开始跟随川北朝邻翻译西方数学著作，英国突氏的数学著作几乎都是经过长泽之手介绍到日本，填补了当时高等数学书极度缺乏、中等数学教科书不足的空白。在译书过程中长泽开始注意到数学术语的混乱已经成为译书的主要绊脚石，于是开始参加东京数学会社组织的译语会，为数学术语的统一出力献策。他将译语会统一的术语应用在自己的翻译实践中，推动翻译事业发展。随着翻译实践的增加，长泽注意到西方数学教科书的优势所在，于是开始主动寻找翻译比较适合日本中等数学教育的教科书，《史密斯代数学》《柯氏平面三角法》就是他最先引入日本的西方教科书。这些译著促进了日本数学教学，同时也为国人自编教科书提供了参考。

随着学习西方的深入，日本数学的整体水平逐步提高。国内学者开始自己编撰适合于本国中学教育的数学教科书。长泽龟之助在大量翻译西方数学著作的基础上也加入了编撰教科书的行列，1899 年出版了自已编撰的第一本三角法教科书《中等教育平面三角法教科书》，之后根据教学实际和各中学教员的建议不断改版，一直使用到 20 世纪 20 年代。

总之，长泽龟之助从协助川北朝邻被动翻译西方数学著作，到主动寻找适合日本数学教学的教科书进行翻译引进，再到自己编撰各种数学教科书这一过程，其实就是日本学习西方数学教育的过程。在三角法教科书的翻译与引进方面，长泽贡献非凡，主要翻译了突氏和柯氏的三角法教科书，而他们的三角法教科书几乎影响日本多达半个世纪。特别在三角术语的统一与传承方面，长泽也功不可没，他主动使用当时大家熟知的三角术语，并将自己认为合适的三角法术语附于译著之后供大家参考，对日本数学术语的统一做出了重要贡献。而长泽自编三角法教科书在日本中学数学教育中也占有非常重要的地位。

第4章 史密斯代数学教材长泽译本在日本的传播与影响

4.1 史密斯代数学教材在日本的传播

史密斯（Charls Smith，1844—1916）是英国剑桥大学的教授，供职于剑桥大学 Sidney Sussex 学院，编撰了许多数学教科书。据笔者调查他编撰的教科书及其初版、再版时间如下。

① *Elementary algebra*（1886、1890 年）；

② *Elementary algebra：for the use of preparatory schools and colleges*（1895、1896、1900、1902、1904 年）；

③ *Solutions of the examples in Charles Smith′s Elementary algebra*（1891 年）；

④ *A treatise on algebra*（1888、1890、1892、1893、1905、1913 年）；

⑤ *Answers to the examples of Elementary algebra for the use of preparatory schools*（1898 年）；

⑥ *Arithmetic for schools*（1895 年）；

⑦ *An elementary treatise on conic sections*（1883、1884、1885、1890、1892、1894、1899、1904、1905 年）；

⑧ *An elementary treatise on conic sections by the methods of co-ordinate geometry*（1910、1914 年）；

⑨ *An elementary treatise on solid geometry*（1884、1886、1891、

1893、1897、1903、1907、1908、1912、1917 年）；

⑩ *Euclid's elements of geometry*：*books* Ⅰ – Ⅴ，Ⅵ *and* Ⅺ（1901 年）；

⑪ *Geometrical conics*（1894 年）；

⑫ *Solutions of the examples in An elementary treatise on conic sections*（1888、1892 年）。

其中，翻译到日本作为教材使用的主要有 *Elementary Algebra* 和 *A Treatise On Algebra* 2 本，前者一般被翻译为"史密斯小代数学"或"初等代数学"，后者则被译为"史密斯大代数学"或"中等代数学"。由于史密斯代数学在日本的广泛使用，为学习者的方便，当时很多从教的学者还为该书编写了例题解义。据笔者调查，*Elementary Algebra* 于 1886 年在英国出版，当时在英国引起了轰动，*Atheneum*、*The School Master*、*Nature*、*The Educational Times* 等报纸、杂志都对该书给予了高度评价，指出 *Elementary Algebra* 从开始到二项式定义用简单、巧妙的编排方法，轻松说明了代数学原理，而且书中例题难度与量的选择也恰到好处，非常适合作为初学者的教材使用。①

1886 年史密斯的 *Elementary Algebra* 在伦敦出版，次年传入日本，长泽认为"此书理论精妙、例题多少适中，如翻译出版，必对我邦数学教育有裨益"②。1887 年 7 月译出第一卷，经 6 个月将所余四卷译出，1887 年 12 月五卷合编出版，名为《初等代数学》。果不出所料，此书大为畅销，初版面世不久即告售罄，故 1888 年再版，再版时长泽结合自己的教学经验，纠正初版错误之处，使其臻于完善。之后，长泽还于 1895 年又翻译出版了史密斯的 *A Treatise On Algebra*，名为《史密斯氏大代数学》。长泽译史密斯代数学在日本的畅销和广泛使用引起了教育界人士的注意，他们开始关注该书，并不断翻译、编撰应用于教学中，表 4 – 1 就是当时编译的史密斯代数学相关著作。

---

① 史密斯. 長澤亀之助，訳. 初等代数学［M］. 東京：秀英舎，1887：1 – 2.
② 史密斯. 長澤亀之助，訳. 初等代数学［M］. 東京：秀英舎，1888：8.

表 4 - 1　史密斯代数学在日本的传播情况

序	编　译　者	书　　名	出版年
1	长泽龟之助、宫田耀之助译	初等代数学	1887 年
2	长泽龟之助译	大代数学	1895 年
3	长泽龟之助译	小代数学补遗对数	1895 年
4	长泽龟之助 宫田耀之助译	方程式之理论	1895 年
5	奥平浪太郎著	大代数学例题详解	1896 年
6	井田継衛撰译	中等教育普通代数学	1895 年
7	青木启次郎译述	小代数学讲义并例题详解	1893 年
8	上野清讲述	小代数学讲义录并例题解	1898 年
9	上野清著	新版大代数学讲义并例题解	1907 年
10	上野清补译	新撰大代数学讲义	1906 年
11	上野清译述	小代数学	1893 年
12	上野清编撰	中代数学	1892 年
13	上野清编撰	中代数学解式	1892 年
14	实吉益美抄译	小代数学	1899 年
15	松冈文太郎补译	初等代数学补修全书	1894 年
16	藤泽利喜太郎、饭岛正之助译	代数学教科书	1897 年
17	田中矢德增译	中等代数教科书	1889 年
18	五十嵐豊吉著	小代数学例题解义	1890 年
19	岩村義一讲述	大代数学讲义并例题详解	1896 年
20	原浜吉著	大代数学例题详解	1902 年
21	原田敏二郎编	代数学解式	1889 年
22	中西忠治、中谷義蔵著	大代数学問题解法	1894 年
23	佐久间文太郎译述	初等代数学	1890 年
24	佐久间文太郎编纂	中等代数学	1897 年

　　表 4 - 1 中所写的出版日期都是作者首次翻译史密斯代数学的时间，其实很多著作都多次再版。例如，长泽翻译的《初等代数学》1887 年初版，之后多次再版使用，到 1913 年已经再版到了 22 版。而

且史密斯代数学的引入取代了之前公、私立学校一直使用的突氏代数学。有关这一点长泽在 1893 年第 16 版《初等代数学》序言中提到，"史密斯原书明治十九年在英国出版，明治二十年舶来我国，我认为此乃良书，如若翻译必将对我帮学子有益，于是自己出资将其翻译出版，当时公私立中学的代数学教科书主要为突氏小代数学，我在翻译出版史密斯代数学第一版时还不知道该书的反响如何，但出版之后很快得到社会认可，被各中学广泛使用，如今已经出版到 16 版，这正是我翻译该书的初衷"①。岩村義一在其 1896 年编撰的《大代数学讲义并例题详解》序言中也曾提到，"我数年来一直在私塾和数学专门学校任教，教过许多学生。五六年前只要说起代数学，学生们都会提到突氏小代数学。自从史密斯代数学被日本各官立学校确定为教科书之后，顿时觉得突氏代数学有一种古旧之感，随后在史密斯代数学的冲击下，突氏代数学便逐渐退出了历史舞台"②。后来日本又引进了 Chrystal，G.（1851—1911）及 Hall，H. S.（1848—1934）和 Knight，S. R. 等许多西方数学家的代数学教科书，但都没有取代史密斯代数学的位置，更多的是用其他人的代数学来充实、完善史密斯代数学。可见史密斯代数学在日本的受欢迎程度。

4.2 史密斯代数学教材长泽译本介绍

4.2.1 各译本的差异分析

长泽龟之助 1887 年翻译的史密斯小代数学是以 *Elementary Algebra*（London：Macmillan，1886）为底本，该书主要供初学代数者使用。原书共二十七编，但长泽在翻译时将原书的二十七编分为五卷，前七编为卷一，第八到第十三编为卷二，第十四编到第十七编为卷三，第十八编到第二十三编为卷四，剩余四编为卷五。长泽之所以这样分卷翻译，是因为他想先出第一卷，看社会反响再出其他。结果 1887 年 7 月第一卷

① 史密斯. 長澤亀之助，译. 初等代数学［M］. 東京：尚成堂，1893：5-8.
② 岩村義一. 大代数学講義并例题详解［M］. 京都：文港堂，1896：1.

刊行后受到社会称赞，于是陆续译出了后四卷于 12 月合编出版。结果该译著在几个月内售之一空，于是 1888 年出第 2 版。

第 2 版出版之际去掉卷数，和原书一样完全按照编数编排。同时将第 1 版中附在每一卷后面的例题答案统一附于书后。与此同时将原书中的度量衡货币制度统一成日本制式，还参考 W. S. Burnside 和 A. W. Panton 的 *Theory of Equations* 及 G. Chrystal 的 *Algbera*，在附录中增加了代数学历史，其中简单介绍了代数学起源于阿拉伯，然后传入意大利及欧洲各国得到了发展，其理论和日本的点窜术、中国的天元术相同。这也许是长泽为了让学生了解代数学的历史，以增加数学教学的趣味性而作。

从第 1 版到第 15 版的底本是 *Elementary Algebra*（London：Macmillan，1886），但是在 1890 年史密斯对原著进行了改版，所以长泽及时跟进，在 1893 年出第 16 版时完全按照新版 *Elementary Algebra.*（London，etc，Macmillan and co.，1890）翻译，但对原书目录未作任何调整。表 4 - 2 就是长泽 1887 年翻译的第 1 版和 1893 年翻译第 16 版的目录对比，由此可知新版史密斯代数学改进的内容。

表 4 - 2　长泽译史密斯《初等代数学》第 1 版和第 16 版目录比较

1887 年第 1 版目录	1893 年第 16 版目录
卷一	第一编　定义
第一编　界说	第二编　负量及正量　加法
第二编　负量，原则	减法　括弧
第三编　加法，减法，括弧用法	第三编　乘法
第四编　乘法	第四编　除法　杂题一
第五编　除法　杂题一	第五编　一次方程式
第六编　一次方程式	第六编　一次方程式的问题
第七编　同问题　附以上答式	第七编　一次通同方程式
卷二	第八编　一次通同方程式的问题
第八编　一次通同方程式 杂题二	杂题二
第九编　同问题	第九编　因子
第十编　因子分括法	第十编　最高公因子

1887 年第 1 版目录	1893 年第 16 版目录
第十一编　最高公因子	第十一编　最低公倍数
第十二编　最低公倍数	第十二编　分数
第十三编　分数 杂题三 附以上答式	第十三编　分数方程式 杂题三
卷三	第十四编　二次方程式
第十四编　二次方程式	第十五编　三次以上方程式
第十五编　二次以上方程式	第十六编　二次通同方程式
第十六编　二次通同方程式	第十七编　二次方程式的问题
第十七编　同问题杂题四附以上答式	杂题四　方程式的杂题
卷四	第十八编　乘幂及根
第十八编　方乘及根	第十九编　分数指数及负指数
第十九编　指数式	第二十编　根式
第二十编　根式	第二十一编　比比例变数法杂题五
第二十一编　比及比例变法杂题五	第二十二编　等差级数
第二十二编　算数级数	第二十三编　等比级数
第二十三编　几何级数 附以上答式	第二十四编　调音级数简单级数
卷五	杂题六
第二十四编　调音级数 杂题六	第二十五编　秩列及配合
第二十五编　秩列及配列	第二十六编　二项式定理
第二十六编　二项式定理	第二十七编　对数　复利及年金
第二十七编　杂定义及例题试验问题 附以上答式	第二十八编　杂定理及杂例立方根
	第二十九编　记数法问题之答套言之 英和对照

　　由以上目录可知，长泽第 16 版史密斯小代数学增加了对数和记数法两编，同时改进了旧版的一些错误，并增补了许多习题。目录中还出现了术语的变更，例如，界说→定义、方乘→乘幂、算数级数→等差级数等。其实 16 版之后的改版中长泽还在一直改进自己的代数学术语。例如，在第 17 版中将"调音级数"改为"调和级数"，将"套言"改为"学语"，第 18 版中将"因子"改为"因数"，第 20 版又将"通同方程式"改为"联立方程式"，所以长泽在第 16 版及以后的改版中都

在书后附了"套言之英和对照"，这其实就是英日代数学术语对照表。说明当时的代数学术语还在不断改进中。在第 22 版中长泽按照明治四十四年文部省颁布的"改正中学校教授要目"对内容进行了删减和增补。

另外，长泽按照新版原书（1890）进行改版时，日本流传的英文本大都是旧版，而且英文原书中的度量衡货币单位及个别内容不适合日本教学，所以长泽将原书译为日文的同时，将旧版原书中不适合的例子做出改进。日本学者按照本国教学的需要改编英文教材，这在日本尚属首次（图 4 - 1）。

图 4 - 1　长泽改定史密斯小代数学英文版广告

长泽译史密斯大代数学的底本是 *A Treatise On Algebra* （London：New York：Macmillan，1893），该书初版于 1888 年，是为中学的高等生和大学预科生编写的教科书。1889 年田中矢德就将该书翻译出版，书名为《中等代数教科书》，1892 年上野清也编译过该书，名为《中代数学》，但只是部分编译。1893 年该书在出第 4 版时进行了大量改进，不仅纠正了旧版的错误和不当之处，篇幅也较旧版有大幅增加，比旧版增加 100 多页。所以长泽开始着手翻译，于 1895 年将该书译毕出版，名为《史密斯大代数学》。长泽将原书分为上、中、下三卷出版，上卷到二次方程式结束，中卷和下卷分别到对数和方程式之理论结束。具体目录如表4-3所示。

表4-3 长泽译史密斯大代数学目录

上卷	中卷	下卷
Ⅰ 定义	Ⅻ 杂定理及杂例	XXV 级数总计法
Ⅱ 基本定则	XIII 乘幂根分数指数负指数	XXVI 不等式
Ⅲ 加法减法括弧	XIV 根数虚量复量	XXVII 连分数
Ⅳ 乘法	XV 平方根立方根	XXVIII 整数理论
Ⅴ 除法	XVI 比比例	XXIX 不定方程式
Ⅵ 因子	XVII 级数	XXX 适遇法
Ⅶ 最高公因子	XVIII 记数法	XXXI 行列式
最低公倍数	XIX 秩列配合	XXXII 方程式理论
Ⅷ 分数	XX 二项式定理〔正整指数〕	编外杂题
Ⅸ 一未知量的方程	XXI 收敛级数	附录及问题
Ⅹ 通同方程式	XXII 二项式定理〔任意指数〕	之答
Ⅺ 方程式的应用	XXIII 发散级数散分数未定系数	
问题	XXIV 指数式定理对数对数级数	
附录及问题之答	附录及问题之答	

1897 年藤泽利喜太郎、饭岛正之助译的《代数学教科书》也是以史密斯大代数学为底本。史密斯大代数学在第 4 版之后分别在 1905 和 1913 年再次改版，但变化不是很大。由上面大小代数学的目录可知史密斯大代数学的内容比小代数学更加丰富，比较适合中学高年级使用，而小代数学适合中学低年级初次学习代数学的学生使用。史密斯大小代数学的很多译本都被文部省检定通过，作为中学教科书广泛使用。例如，长泽翻译的《初等代数学》第 3 版开始就被文部省检定通过作为中学教材，藤泽利喜太郎、饭岛正之助译的《代数学教科书》也成为文部省检定通过的中学教材。

正因为长泽龟之助慧眼识珠，将史密斯代数学引入日本，才引起了众多日本数学教育者对该教材的关注，从而推动了日本代数学教科书的改进。所以在史密斯代数学教材的引进上长泽功不可没。

4.2.2　书写方式由竖排到横排的转变

明治维新之前，日本的数学书编排模式和中国古代数学书一样，采取竖行文字。随着日本学习西方数学的深入，一些日本学者注意到横行文字的便利性，并开始在日本逐渐推广横排数学书。现在，有关日本数学书横排发端之研究都引用长泽所译《史密斯初等代数学》（1887）的序言。该书序言中有如下记录：

　　"（前略）现在我将以如下说明来结束此序，本书在排版上与以往教科书不同，采取横排方式，此方式也是我毕生的追求，且此横排方式在翻译英国乌力其陆军大学数学考试问题集时已使用，学生对此方式之便也颇为赞同。因数学书中算式插入较多，文字竖读、算式横读，阅读时不得不竖横翻转，其不便之处不言而喻。望读者不要以横写为怪。

　　明治二十年（1887）五月　长泽龟之助识"①

据此序言可知：

①长泽在翻译《英国ウーリッチ陸軍大学校試験問題集》时使用了横排模式。虽然该书没有明确给出出版时间，但依据其中内容可推知。因为该问题集收集了 1880—1884 年英国陆军大学的数学考试题。而且在《史密斯初等代数学》出版之前已经问世，故该书的出版时间应该在 1884—1887 年。

②长泽之所以采取横排模式，是因为数学书中算式较多，如果算式和文字都采取竖排模式，对于读者阅读多有不便。此模式在当时得到了众多读者的肯定，但尚未推广。其实早在 1879 年日本著名数学家中川将行和荒川重平合著的《几何问题解式》②就已经采取了横排模式（图 4-2）。这是日本首次采用横排模式的数学书。中川将行和荒川重平都是日本明治前期的著名数学家，在翻译西方数学书和译语的统一方面贡献卓著，他们经常合作编译数学书。

---

① 史密斯. 初等代数学［M］. 長澤亀之助，訳. 東京：秀英社，1887：6.
② 荒川重平，中川将行. 幾何問題解式［M］. 東京：積玉堂，1879.

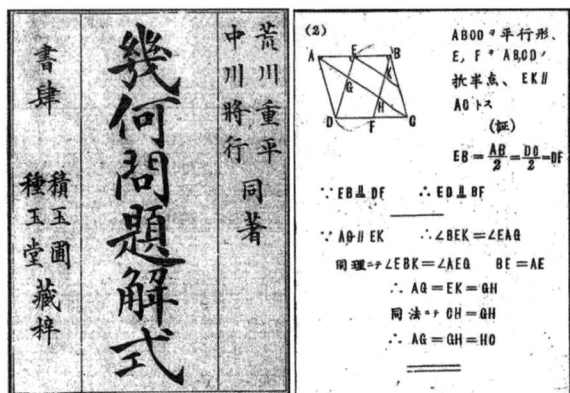

图 4-2　中川将行、荒川重平合著《几何问题解式》（1879）书影

日本数学书横排的普及并非一蹴而就，其过程非常曲折。而中川将行就是第一个积极践行数学书横排的数学家。早在 1875 年，他和数学家吉田泰正译《三角法》时就尝试采取了横排模式，只不过当时不是全部横排，而是文字竖排，算式、公式横排（图 4-3）。后来在 1877 年他和真野肇合著《笔算全书》时，也采取了该模式。虽然这 2 本书中只有公式和算式采取了横排模式，但这和当时文字、公式全部竖排的数学书相比已经是一大进步。另外从上面长泽的序言中可知算式、公式横排有利于阅读的便利性。可见早在长泽之前中川就已经认识到了这一点并开始积极践行算式、公式横排工作。

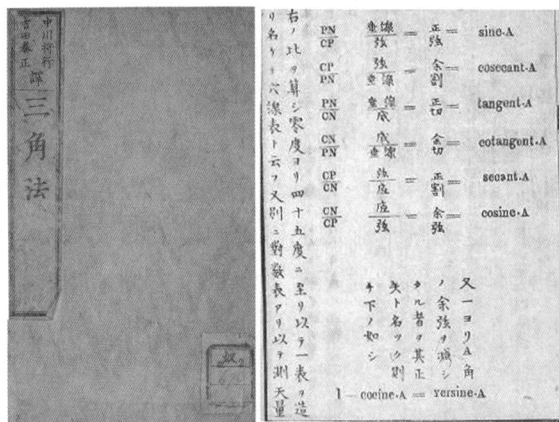

图 4-3　中川将行、吉田泰正译《三角法》（1875）书影

由上面中川将行和吉田泰正译《三角法》书影可知，当时封皮和书中的文字部分都采取了传统的竖排文字，而书中的数学公式却采取了横排模式。这种折中的编排模式突破了当时传统竖排数学书的束缚，也体现了在传统桎梏中的矛盾与智慧。虽然从整体上看横竖编排有点视觉混乱，但是他们突破传统、勇于探索的精神值得肯定。同时为读者带来了方便，为最终横排教科书的诞生提供了借鉴。

中川将行、荒川重平及吉田泰正虽然最早提出数学书横排，但在1879 年《几何问题解式》问世之后却无人响应，直到 1887 年长泽龟之助译《史密斯初等代数学》的出版才使其逐渐推广开来。[①]这也是一提到日本数学书横写就会提到长泽龟之助的原因所在。长泽在该书序言中说，"望读者不要以横排为怪"[②]，说明直到 1887 年在日本数学书横排还未得到推广，也未得到读者认可（图 4-4）。

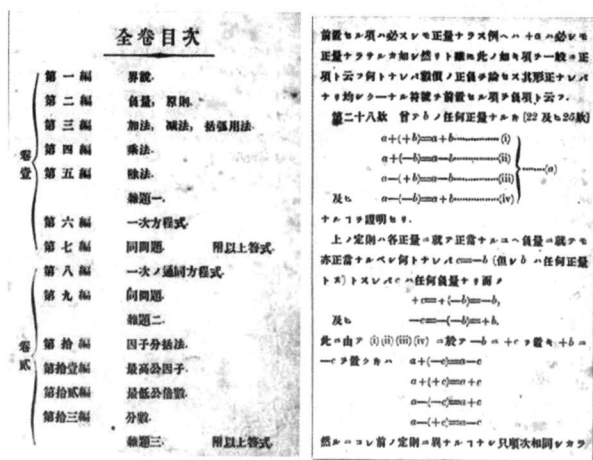

图 4-4　长泽龟之助 1887 年译《史密斯初等代数学》

1887 年之后，长泽一直坚持数学书横排，积极推动此模式在日本的普及。此后他翻译和编写的数学教科书都采取了横排模式。在他的推动下，其他的一些数学家也注意到横排的便利性，并开始逐渐使用此模式。

---

① 小倉金之助. 日本教育史：一つの文化形態に関する歴史的研究 [M]. 東京：岩波書店，1932：328 - 329.
② 史密斯. 初等代数学 [M]. 長澤亀之助，訳. 東京：秀英社，1887：6.

曾任东京帝国大学校长、桂太郎内阁文部大臣的著名官派数学家菊池大麓于1888年在其著作《初等几何学教科书》中采用横排模式，并在该书凡例中指出横排教科书的便利性已经得到众多数学家的认可，但囿于传统，不敢贸然采用。于是在征得当时文部大臣的同意之后，才毅然决定采用。[1]这说明从1888年开始，教科书横写已得到官方的认可（图4-5）。

图4-5　菊池大麓1888年编《初等几何学教科书》

同年，民间数学家上野清（1854—1924）在其著作《普通教育近世算术》（上卷）和译著《立体几何学》中也采用了横排模式。他还在《普通教育近世算术》的序言中提到在编撰该书时本打算采取传统的竖排模式，但在学友真野肇的劝导下采用了横排模式，结果在编排过程中受益匪浅。[2]真野肇也是数学书横排的积极倡导者，早在1877年，他和中川将行合著《笔算全书》时就采取了文字竖排，算式横排的尝试。之后顺应历史潮流积极推动数学书横排事业。

在众多开明数学家的推动下，数学书横排模式开始推广开来。日本的大部分数学教科书都开始采取横排模式，但也不乏有许多著名数学家仍坚持竖排教科书，其中主要有：

---

① 菊池大麓. 初等幾何学教科書［M］. 東京：文部省編輯局，1888：Ⅲ.
② 上野清. 普通教育近世算術［M］. 東京：吉川半七，1889：Ⅶ.

渡边小三郎编、寺尾寿校阅《中等教育代数学教科书》(1889 年)；

藤泽利喜太郎、饭岛正之助共译《代数学教科书》(1890 年)；

寺尾寿编撰《中等教育算术教科书》(1891 年)；

桦正董著《初等算术教科书》(1894 年)；

土居嘉四郎编《中等教育代数学教科书》(1898 年)。

由于受到传统竖排的束缚，藤泽利喜太郎、寺尾寿等官派数学家的教科书在 19 世纪末还没有全部采取横排模式。毕竟数学书横排已经成为历史潮流，所以他们在 19 世纪末 20 世纪初的几年中也顺应时代发展的需要，一改传统竖排为横排。例如，藤泽利喜太郎在 1896 年编撰的《算术教科书》就改用横排模式，而寺尾寿也在 1904 年出版《中学数学教科书代数之部》时改为横排。随着 19 世纪末 20 世纪初数学教科书横排的普及，日本的数学相关读物基本上都实现了横排。

所以，日本数学书横排发端于 1879 年著名数学家中川将行和荒川重平合著的《几何问题解式》。而将其发扬光大的是长泽龟之助的《史密斯初等代数学》和菊池大麓的《初等几何学教科书》。之后在真野肇、上野清等众多数学家的推动下逐渐完成。

20 世纪 90 年代是日本数学书横竖交替的时代，也是横排取代竖排的关键时期。虽然当时混乱的数学书编排模式给读者阅读带来了一些不便，但进入 20 世纪竖排数学书已成为历史。在中川将行、长泽龟之助、菊池大麓等开明的日本数学家的推动下，日本数学书横排这一历史性跨越在 19 世纪的最后 10 年得以实现。

在此期间虽然有抗争也有反复，但最终便利性战胜了传统性。这一历史性变革既有利于著者编撰也有利于读者阅读，是历史发展的必然，也是日本向西方学习的成果之一。因为向西方学习的首要步骤就是翻译西方书籍，而积极推动横排方式的数学家都是致力于翻译西方数学书的日本学者。因为文字编排方式是他们在翻译过程中必须要面对的问题，所以西方和日本数学书横竖编排的反差，刺激了他们更新的决心，也成为他们积极推动数学书横排的动力之一。所以首先尝试横排模式的数学书就是西方译著也在情理之中。

4.3　史密斯代数学教材长泽译本的完善

4.3.1　度量衡货币单位的日本化

1887 年史密斯小代数学经长泽翻译首次在日本出版发行，没想到受到社会的一致好评，很快销售一空。于是在 1888 年出第 2 版，长泽为学生在实际运算中更加方便，使书中的一些练习更能体现其实用性，将英国的度量衡货币单位统一为日本制式。例如，在第 2 版第七编"问题"例二中就将第 1 版中同一问题的英国货币单位转换为日本单位（表 4 - 4）。

表 4 - 4　长泽译史密斯小代数学第 1 版和第 2 版第七编问题例二的翻译比较

版本	第 1 版	第 2 版
日文原文	例二. 甲乙二人アリ甲ハ£ 4 乙ハ15 s ヲ有ッ今甲ヨリ幾何ヲ乙ヘ與ヘナハ甲ノ有金ハ乙ノ有金ノ四倍トナルヤ但シ£ 4ハ四「ポンド」15sハ十五「シルリング」ナリ以下之レニ倣ヘ又£ 1 = 20 s①	例二. 甲乙二人アリ甲ハ金四圓ヲ有シ乙七十五錢ヲ有ス今甲ヨリ幾何ヲ乙ヘ與ヘナハ甲ノ有金ハ乙ノ有金ノ四倍トナルヤ①
中文翻译	甲有金£ 4，乙有金 15 s，甲给乙金多少才能使甲金数为乙金数的 4 倍？£ 4 指 4 英镑，15 s 指 15 先令，£ 1 = 20 s	甲有金 4 元，乙有金 75 钱，甲给乙金多少才能使甲金数为乙金数的 4 倍？

由表 4 - 4 可知，长泽在第 1 版中使用的完全是英国的货币单位。当时英国的货币单位是英镑（pound/£ ）和先令（shilling/s），其换算规则是£ 1 = 20 s。这种货币单位一直使用到 1971 年，之后改成了英镑（pound/£ ）和便士（penny），£ 1 = 100 pence。在第 1 版翻译

①　史密斯. 初等代数学［M］. 長澤龟之助，訳. 東京：秀英社，1887：77.

中因为用了英国的货币单位，所以在这道例题后面，长泽不得不给出有关英国货币单位的换算规则。

同样，在第 1 版第十七编例题 41 中的第 23 题中对于书中重量单位英石（stone）直接使用了音译的方法，将其译为"ストーン"。为了说明这一重量单位还不得不在题后给出了英石和磅的换算规则为"1 英石 ＝ 14 磅"。在第 2 版同一例题中则采用了当时日本的重量单位"斤"，将"1 英石"直接翻译为"14 斤"，有利于学生理解题意。

我们不难发现，只要使用英国的度量衡货币单位，长泽就不得不在题后给出当时英国单位的换算规则，而如果将其换算为本国单位就省掉了这一麻烦。所以这一改进在练习效果完全相同的情况下，却使内容更加简洁，同时也有利于学生更轻松地把握例题内容。

另外，长泽在第 1 版书中将英国计量单位 dozen 直接音译为"ダズン"，而在 1888 年第 2 版中则将其改为"ダース"。这一改进使"ダース"一直使用到现在。其实当时对于 dozen 的译法各有不同。上野清在 1898 年编的《小代数学讲义录并例题解》和 1899 年实吉益美在其译著《小代数学》中就直接将其译为"12 个"，1889 年藤泽利喜太郎在其字典《数学用语英和对译字典》中则将其译为"ダズ"，这些译法都没有被沿用下来，只有长泽的译语流传至今，可见长泽译语的恰当性。

当时日本译著的度量衡货币单位不统一，已成为人们选择教科书的重要参考，所以长泽统一度量衡货币单位，第一有利于学生学习方便，第二有利于简化自己的译著，避免了由于解释单位换算带来的麻烦。第三有利于自己译著的销量。

4.3.2　教材内容的补充与改进

史密斯小代数学于 1886 年初版，长泽译本初版之后不断再版，每次都要改进其中的一些内容和错误之处，使其不断臻于完善。史密斯代数学 1890 年在英国再版时，长泽的史密斯初版译本已经再版至 15 版。所以在 1893 年出第 16 版时，长泽参照史密斯新版代数学（1890）进行增补，将对数和记数法补入其中，使小代数学更加适合当时的中学数学教育。

其实早在史密斯小代数学第 2 版（1890）出版之前，长泽就已专门出版了一本名叫《史密斯小代数学补遗对数》的小册子，该书的编撰就是对史密斯小代数学缺乏对数内容而影响正常数学教育所做的努力。有关这一点他在《史密斯小代数学补遗对数》的序言中提到："现在已经有数十所公私立中学使用我翻译的史密斯小代数学作为教科书。其中某府的中学教员指出因为中学教授科目中要求有对数的内容，所以请求我在书中补充相关内容。我就此事征求了其他学校教员的建议，大家都有同感，于是我便出此小册子作为史密斯代数学的续编。此小册子按照 1887 年 Hall and Knight 的小代数书第 4 版编写。"[①]长泽补充对数是在 1890 年 1 月，而史密斯自己改版补充对数是在 1890 年 4 月。可见，长泽按照日本教育科目设置和日本教员的建议在史密斯改版之前已经将对数补充到他的译著中。

随着小代数学在日本的广泛使用，史密斯大代数学也被引入日本，大代数学再版次数更多，先后再版了 6 版。其中第 4 版再版于 1893 年，也是增补最多的一版，光页数就增加了 100 多页。长泽注意到了这一点于是在 1894 年和 1895 年，分别将史密斯大代数学翻译完毕出版。在出版之际他按照自己的教学经验，本着一切为了数学教育的原则对其中的内容做了调整与补充。有关长泽如何调整其中的内容我们可以从他的序中窥见一斑。

"本书依照 1893 年即明治二十六年增订第 4 版原本翻译而成，史密斯大代数学译本在日本也有，但都源于旧版。新版原书改进了旧版的许多错误和不足，有关具体如何改进这里就不一一赘述，仅篇幅就增加 100 多页，可见其增补动作之大。我在翻译时尽量做到对照原书，但也按照自己的教学经验对其中的部分章节的顺序进行了调整。在上卷中增改的内容主要有强调了对数式的重要公式，在因子分解法中加入必要例题，为了便于记忆一次通同方程式的解法，增补了'记

---

① 長澤亀之助. チャールス・スミス小代数学補遺対数 ［M］. 東京：尚成堂，1890：1-2.

忆技巧'，在第十一编增加了一次方程式和二次方程式的余论和若干问题，特别是在其中增加了几何学应用的例题。另外，为了补充原书的不足和增加定理，在卷末增加了附录，附录中补充了'有关乘法除法的符号定则'和'有关最高公因子'的论文。相信这一定会对各教员的教学提供参考。

本书方程式之部分为三编，第一编为书中的'第九编一个未知量的一次二次方程式'，第二编为'第十编一次二次通同方程式'，第三编为'第十一编一次二次的应用问题'。可是在实际教学中我发现按照先讲一次方程式，然后讲二次方程式的顺序教授，学生更易接受。其实很多教员和我有同感，他们也认为应该先讲第九编的一次方程式，然后讲授第十编的一次方程式，接着讲授第十一编的一次方程式问题，待学生完全掌握一次方程式后再讲授剩余的问题即二次方程式部分。所以为了讲授方便，我对第九、第十编的一次、二次问题进行了区分，但第十一编问题太过繁杂，所以没有区分，只是在问题上做了标记。有关如何区分问题我在第九编开头的译著中进行了说明。"①

在第九编的开头，长泽这样进行了说明："译者曰本书第九编讲述了一个未知量的一次二次方程式，第十编讲述了两个以上未知量的一次二次方程式，第十一编讲述了一次二次方程式的应用问题。但学生学习这三编的顺序应该是先读一次方程式之部，然后读二次方程式，这样有利于学生循序渐进地学习。具体应该先学习第九编的 114 ~ 119 项，然后学习第十编的 140 ~ 146 项及第十一编的 152 项直到例 2，接下来做 XV 中的一次、标记问题及问题 XV 的补 A，此后，剩下的问题从头开始学习即可。"②

可见长泽根据自己的实际教学经验和同行的建议，对史密斯书中一次、二次方程的学习顺序进行了调整，主要是先将讲授一次方程式，然后让学生练习一次方程式的相关问题，在彻底掌握了一次方程

---

① 史密斯. スミス氏大代数学 ［M］. 長澤亀之助，訳. 東京：明法堂，1895：5 - 6.
② 史密斯. スミス氏大代数学 ［M］. 長澤亀之助，訳. 東京：明法堂，1895：99.

式之后。学生会对方程式的学习方法有所领悟，在此基础上再讲授二次方程式，这样循序渐进的教授方法更有利于学生学习。所以长泽才下很大功夫对第九、第十、第十一编的内容和练习进行分类整理，并制定了适合日本数学教学的教授顺序。

在该书中卷和下卷中，长泽也增补和调整了部分内容。其中长泽在下卷的序中提到"下卷从第二十五编级数总计法开始到第三十二编方程式之理论结束，虽然这次改版有许多改进，但主要就是在第三十二编中增加了方程式理论，这在旧版中是完全没有的，这一理论的补充更加增加了本书的价值"①（图4-6）。

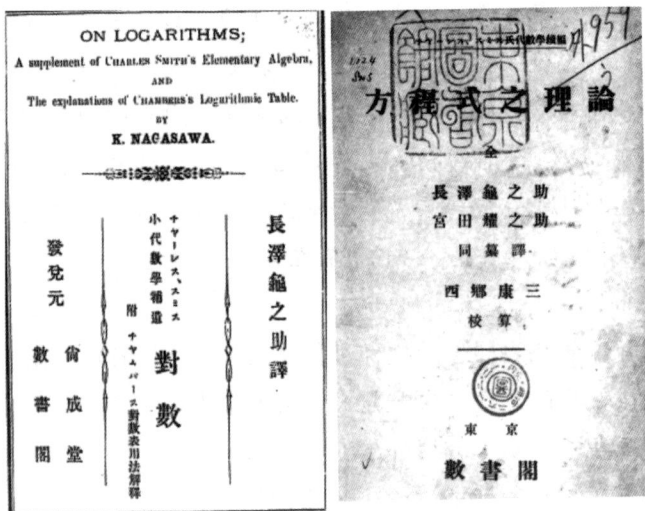

**图4-6　长泽龟之助完善史密斯代数学之
补遗对数和续编方程式理论**

实际上早在该书之前，长泽在翻译史密斯小代数学时已经意识到了这个问题，他觉得史密斯代数学缺乏方程式理论，但是这几年却一直找不到合适的书进行补充，在1893年长泽遇到了查普曼（Chapman）的 *Theory of Equations*。"该书是只有90页的一本小册子，内容

---

① 史密斯. スミス氏大代数学［M］. 長澤亀之助，訳. 東京：明法堂，1895：5.

包括行列式、代数方程式和数字方程式三部分，构思巧妙，值得称赞。"①以此书为底本，长泽根据 Burnside & Panton's Theory of Equations, Todhunter's Theory of Equations, Chrystal's Algebra 2 vols, Hall and Knight's Higher Algebra, Wentworth's Complete Algebra, Hanus's Elements of Determinants, C. Smith's Treatise on Algebra, Muir's Theory of Determinants, Scott's Theory of Determinants, Hobson's Plane Trigonometry, Johnson's Plane Trigonometry, Levett and Davison's Plane Trigonometry、Casey's Plane Trigonometry、Demorgan's Double Algebra and Trigonometry② 进行补译，在原来全书三编的基础上，参照法国代数学书的编排体例增补了"微分"一编，扩为四编，名为《方程式之理论》。全书目录为：

第一编　行列式　　第二编　微分　　第三编　代数方程式
第四编　数字方程式的实根计算法

这本书不仅可以作为史密斯小代数学的续编，还可以作为大代数学的续编使用，在史密斯大代数学新版还没有引进时，该书的方程式理论作为史密斯代数学的补编，起到了非常重要的参考作用。

除了在翻译中增补史密斯代数学没有涉及的相关数学内容之外，长泽为了学生复习和自学之用还根据史密斯代数学各章节编撰了习题集。1897 年，长泽编撰了《中等代数学选题》，其中以史密斯初等代数学内容为基础，从当时流行的各代数学中选择练习题编辑而成。其中不仅针对教科书的每一章节首先有"试问"，供学生回忆教科书中的知识点。其后根据内容的不同附有大量不同程度的练习题，供学生练习之用。练习题按照所学内容归类分为 A、B、C 等不同等级，由浅入深，是不可多得的练习参考书。

例如，该书第 32 页Ⅳ "一次通同方程式之部"的练习中就分为 2 个部分，其中第 1 部分是"试问"，其中包括 4 个问题：①何

①　Chapman. 方程式之理论［M］. 长泽龟之助，宫田耀之助，译. 东京：数书阁，1893：Ⅲ.

②　Chapman. 方程式之理论［M］. 长泽龟之助，宫田耀之助，译. 东京：数书阁，1893：Ⅳ.

为通同方程式；②通同方程式解法中的加减消去法是指什么；③同样带入消去法又指什么；④同样比较消去法又指什么。之后的练习分为 A、B、C 3 类，A 类练习主要是让学生掌握 2 个未知数通同方程式的解法。例如：

1) $\begin{cases} 3x + 2y = 43 \\ x + 5y = 40 \end{cases}$　　2) $\begin{cases} 7x - 2y = 1 \\ 8x + 5y = 50 \end{cases}$

3) $\begin{cases} 2bx - ay = ab \\ bx + 2ay = 3ab \end{cases}$　　4) $\begin{cases} ax + by = 2 \\ ab(x + y) = a + b \end{cases}$

5) $5x - 4y = 3x + 2y = 1$

6) $x + y = a + b$，$a(x + a) = b(y + b)$

7) $y = \dfrac{1}{2}(x + a) + \dfrac{1}{3}b$，$x = \dfrac{1}{2}(y + b) + \dfrac{1}{3}a$

8) $(a - b)x - (b - c)y = c - a$，$(c - a)x - (a - b)y = b - c$。

而 B 类练习主要是为让学生练习 3 个以上未知数的方程式解法，例如：

1) $\begin{cases} x + 2y - z = 2 \\ 2x - y + 3z = 9 \\ 3x + y - 2z = -1 \end{cases}$　　2) $\begin{cases} x + y = 1 \\ x + z = 8 \\ y + z = -8 \end{cases}$

3) $\begin{cases} x + 11a = y + z \\ y = 2(x + z) - 11a \\ z = 3(x + y) - 11a \end{cases}$　　4) $\begin{cases} \dfrac{1}{x} + \dfrac{2}{y} - \dfrac{3}{z} = 1 \\ \dfrac{5}{x} + \dfrac{4}{y} + \dfrac{6}{z} = 24 \\ \dfrac{7}{x} - \dfrac{8}{y} + \dfrac{9}{z} = 14 \end{cases}$

5) $\begin{cases} 7x + 2z + 3u = 17 \\ 4y + 2z + v = 11 \\ 5y - 3x - 2u = 8 \\ 4y - 3u + 2v = 9 \\ 8u - 3z = 32 \end{cases}$ 。

C 类练习题则是让学生掌握通同方程式的应用，例如：

①有两个数，其和为 29，其差为 9，求这两个数。

②有不同的三个数，两两之和分别是 12、13、15，求这三个数。

③有两个数，其商为 2，其和的 2 倍比大数多 36，求这两个数。

④有甲乙二人，其年龄之和是其年龄之差的 9 倍，7 年前的年龄之和是其差的 7 倍，求甲乙二人的年龄。

⑤有甲乙二人，如果两人同时工作，完成一项工作需要 15 天，但两人同时工作 6 天后，甲有事休息。乙一个人用了 24 天完成了剩余的工作。试问甲一人完成全部工作需要几天。

这种依托教科书，由浅入深的练习题能够使学生通过大量练习来充分掌握每章的内容。可见，长泽从翻译西方教科书供本国数学教育使用，到参与本国实际教学工作，从不断改进教科书的内容，再到习题集的编撰与整理，无不体现了他为每一个学生、为日本数学教育发展所做的努力。正是有长泽等数学教育家的不断努力，日本的史密斯代数学教材才能不断完善，经久不衰，直到大正初期还在使用。

4.3.3　代数学术语的逐渐统一

长泽首次翻译史密斯代数学是在 1887 年，当时日本的术语还没有彻底统一，译者不同所用术语也各不相同。为了让读者顺利理解书中术语和内容，当时的做法主要有二：其一就是在书中给出原文术语的日语译语，然后在译语之后加上括弧，附英文术语；其二就是在译著的开头或末尾附书中所用英日术语对照表供读者参考。长泽在译史密斯初等代数学 16 版之前都是依照前者，在书中括弧中附英文术语。而且当时大部分译者都采取这种方法，例如，上野清、松岗文太郎、井田继卫、实吉益美等。

下面以松岗文太郎和上野清在各自书中的译述作为参考。

①代数学（Algebra）ハ、算術（Arithmetic）ノ如ク数（Number）ヲ考究スル科学（Science）ナリ。①

②積（Product）両数或ハ諸数ヲ一ツ二乗シタル結果ヲ両数或ハ

---

① 松岡文太郎補译．チャールス・スミス初等代数学補修全書［M］．東京：共益商社，1894：1．

諸数ノ積（或ハ連乗積）トイウ而シテ其乗スル所ノ各数ヲ其積ノ因子（Factor）トイウ。①

可是有的教员认为在书中附英文术语多有不便，于是长泽在 1893年改定 16 版时，将书中英文术语去掉，整理出英日对照术语表附于书后，是为当时的第 2 种做法（图 4-7）。

套言之英和對照

Absolute Value	絶 對 價	Compound expression	復 式
Addition	加 法	—— ratio	復 比
Algebra	代 數 學	—— Interest	複 利
Alegebraical		Consequent	後 率
expression	代 數 式	Continued Proportion	連 比 例
—— difference	代 數 差	—— Product	連 乗 積
Annuity	年 金	Cube	立 方
Antecedent	前 率	—— root	立 方 根
Arithmetic mean	等 差 中 項	Cubic surd	三次ノ模数
Arithmetical difference	算 術 差	Cyclical order	輪 換 序 次
—— Progression	等 差 級 數		
Axiom	公 理	Definition	定 義
		Degree	度
Base	底	Denominator	分 母
Binomial expression	二 項 式	Dimension	次 元
—— Theorem	二項式定理	Dividend	被 除 數
Brackets	括 弧	Division	除 法
		Divisor	除 數
Characteristic	指 標	Duplicate ratio	二 乗 比
Coefficient	係 數		
Combination	配 合	Elimination	消 去 法
Common difference	公 差	Equation	方 程 式
—— Factor	公 因 子	—— of the	
—— Logarithm	常 用 對 數	First Degree	一次方程式
Common ratio	公 比	—— of the	
—— Scales of		Second Degree	二次方程式
notation	常用組數法	Evolution	開 方 法
—— Multiple	公 倍 數	Expansion	開 散 式

图 4-7　长泽改定史密斯小代数学第 16 版中术语表

① チャールス・スミス小代数学［M］. 上野清，訳. 東京：吉川半七，1893：3.

　　无论是哪种做法都是在当时特定环境下为了更好地推进日本数学教育不得不采取的措施，因为日本数学术语的统一经历了一个漫长的过程，在明治时期最有权威的数学术语要数东京数学会社和后来的东京数学物理学会译语会统一的"SUGAKU YAKUGO"及后来 1889 年藤泽利喜太郎在此基础上编撰而成的《数学二用井ル辞ノ英和对訳辞书》。这对当时的翻译事业提供了指导，当然长泽在翻译时也曾参考过其中的术语。藤泽字典不过是一本只有 36 页的小册子，与其说是字典倒不如说是术语对照表，不可能包括所有数学术语，对于那些字典中不包括的术语该怎么办，而且有的数学家，如上野清从一开始就不认可东京数学会社统一术语的做法，所以像这样的译者未必会参考其中的术语。所以在 1889 年之后，日本的数学术语一直通过上述 2 种方法来传承。

　　下面分析长泽在代数学术语统一中的贡献。长泽在第 16 版（1893）小代数学译本附录中附了代数学"套言之英和对照"，之后在 17 版（1896）中、19 版（1898）、20 版（1899）附录中都有该表，只不过从第 17 版开始将"套言之英和对照"改为了"学语之英和对照"，这里所说的"套言"和"学语"就是指"术语"。

　　长泽的"学语之英和对照"表共收录史密斯代数学中用到的术语 140 条。从 1893—1899 年这段时间，日本的术语还在进行调整。有关这一点可以从长泽术语表的变化中看出。笔者认真对比长泽译史密斯小代数学第 16、第 17、第 19、第 20 版中的术语，发现主要有 12 个术语发生了变化（表 4-5）。

表 4-5　四个版本"学语之英和对照"中调整的术语比较

序	原语	第 16 版	第 17 版	第 19 版	第 20 版
1	Combination	配合	配合	組ミ合セ	組ミ合ハセ
2	Common Factor	公因子	公因子	公因数	公因数
3	Harmonical Pregression	調音級数	調和級数	調和級数	調和級数
4	Harmonical mean	調音中項	調和中項	調和中項	調和中項

序	原语	第十六版	第十七版	第十九版	第二十版
5	Highest common factor	最高公因子	最高公因子	最高公因数	最高公因数
6	Identical equation	一致方程式	一致方程式	恒方程式	恒方程式
7	Identity	一致式	一致式	恒式	恒式
8	Incommens urable number	不可約数	不可約数	通約ス可カラザル数	通約ス可カラザル数
9	Index law	指数ノ定理	指数の定則	指数の定則	指数の定則
10	Monomial factor	一項因子	一項因子	一項因数	一項因数
11	Permutation	秩列	錯列	列ベ方	列ベ方
12	Simultaneous equations	通同方程式	通同方程式	聯立方程式	聯立方程式

由表 4 - 5 可知，当时变化比较明显的是"因子"到"因数"，"通同方程式"到"聯立方程式"，"调音级数"到"调和级数"，"配合"到"組ミ合セ"，"秩列""錯列"到"列ベ方"的变化。这些术语经过当时的调整直到现在还在被使用。而且当时术语的调整和文部省颁布的教授要目有很大关系，例如，1898 年文部省颁布的教授要目中就明确指出了"由于 Permutation（今汉译排列）和 Combination（今汉译组合）的译语非常繁杂，对于教学多有不便之处，所以从本次教授要目开始要统一为 Permutation（顺列）和 Combination（組ミ合セ）"①，另外在此次的教授要目中还用到了"调和级数""聯立方程式"等术语，所以教授要目规定教授内容的同时，对术语的指导作用也不可忽视。

那么，长泽每次都是按照教授要目的要求来使用术语，例如，1898 年 4 月，文部省在中学教授要目中统一了 Permutation（顺列）和

① 文部省高等学务局. 尋常中学校教科细目调查报告 [M]. 東京：帝国教育会，1898：77.

Combination（組ミ合セ）这2个译语，长泽在8月出版小代数学第19版时就用这2个术语替换了他之前用的"错列"和"配合"，而且在"19版序"中也明确指出了"该版和之前版本相比只是改正了两三个术语而已"[1]，这里的"两三个术语"就应该是他按照文部省教授要目的要求改正的以上2个术语。有的术语甚至在教授要目规定之前，长泽就已经在使用。如表4-5中提到的"调和级数（Harmonical Pregression）"，当时的翻译方法有"谐音级数"和"调音级数"，长泽在1893年之前使用的都是"调音级数"，但是从1896年起长泽开始使用"调和级数"这一译语，而且一直沿用到了现在。而文部省直到1898年在教授要目中才开始使用"调和级数"这个术语。可见长泽在术语的使用上的及时性和前瞻性。

不仅如此，长泽为了术语的统一，还做了许多工作。其中最为重要的就是他以一个成功译者的独特眼光不断推进术语的改进与创新，而且将这种改进用术语表的形式确定下来供后人参考使用。

长泽龟之助从史密斯初等代数学第16版（1893）开始每次再版都会在书后附"学语之英和对照表"，而且这种英日术语对照表并不是一成不变的，而是在再版过程中不断进行补充与完善。不仅如此，长泽一直都非常重视数学术语的统一工作，在不断推进自己翻译工作的同时，也开始通过自己译著中的术语表不断积累更多的术语。例如，在1895年，长泽为了将新版史密斯大代数学引入日本，将该书分为上、中、下三卷翻译出版，并在各卷中都附了英日术语对照表，使代数学术语的范围进一步扩大，由以前小代数学中的140条增加到了232条（上108、中85、下39）。之后长泽在1907年编撰了《问题解法代数学辞典》，该词典由3个部分和附录构成，简目如下：

第一门　　　　具体数学问题详解

第一门附录　代数学用略语　代数学用记号

第二门　　　　学语之部

第三门　　　　代数学小史

---

① 史密斯. 初等代数学［M］. 長澤亀之助，訳. 東京：数書閣. 1898：5.

附录　　　　学语之英和对照

其中，最后的附录"学语之英和对照"就是对之前史密斯小代数学和大代数学中术语表的一个完善。进一步扩大了代数学术语的范围，使术语的数量增加到了400多条。除此之外，该辞典还专门将当时的术语进行整理，编成了"学语之部"作为该词典的第二门，如图4－8所示。学语之英和对照表主要整理了英文术语对应的日语译语，给翻译工作和译语统一提供参考。其中的大部分术语直到现在还在使用。而学语之部中的代数学术语则是以日语罗马字的形式出现，术语后面给出了该术语的出处和解释。主要是为了让学生明白这些术语的意思，方便学习之用。之后在1913年，为了学生携带方便，长泽将《问题解法代数学辞典》缩编为《代数学小辞典》，缩编之后"学语之部"并没有被删除，而是将其改为"代数学辞典学语之部"放在辞典的第一部分。可见，当时学语在数学教学中的重要性和受欢迎程度。

图4－8　1907年《问题解法代数学辞典》学语之部

长泽为了统一数学术语编撰英日对照术语表，之后为了让学生明白数学术语的意义和用法，又在辞典中专门编撰了"学语之部"，其实术语对照表在当时就相当于英日代数学术语小词典，而"学语之部"就相当于一部日语代数学术语辞典。可见，在统一数学术语、编撰数学术语辞典方面长泽走在了前列。如果将长泽编撰的《问题解法几何学辞典》《问题解法代数学辞典》《问题解法续几何学辞典》《问题解法三角法辞典》《问题解法算术辞典》中的数学术语表和"学语之部"合在一起，无论其篇幅还是词汇量都不亚于 1889 年藤泽利喜太郎编撰的《数学用语英和对译字书》。所以长泽虽然没有编撰专门的数学术语辞典，其实他已经将这个工作分布在各分科字典中完成了。

4.4　史密斯代数学教材长泽译本对日本的影响

1886 年之前，长泽主要跟随川北朝邻在数理书院从事翻译工作，当时长泽主要在川北的指导下完成翻译任务，为数理书院的主要译者。当时大量翻译突氏数学书完全是川北的想法。但是从 1887 年开始，长泽开始有了自己对数学的看法，他开始主动选择合适的数学教科书。史密斯小代数学就是他主动选择翻译的第一本，而且完全由自己出资翻译而成。没想到在日本引起了轰动，不断再版。史密斯小代数学引入日本打破了突氏代数学独占日本数学教科书的历史，为日本数学提供了新的血液。正是因为长泽的正确选择使史密斯代数学为日本数学教育所接受，日本的许多数学家开始注目史密斯代数学教科书并开始着手翻译史密斯大代数学。从此，史密斯的原版代数学教科书、译著及以该书为基础改进的教科书开始被日本的公私立学校广泛使用。所以在引进史密斯代数学方面，长泽功不可没。

史密斯代数学成功引入日本是长泽细心研读国外教科书和了解本国代数学教育实况的结果，也为长泽进一步翻译西方数学书提供了经验和参考。但是长泽在引入史密斯代数学之后并没有停下翻译的脚步。为了寻找适合日本不同程度学生的数学教材，长泽又阅读了众多西方数学家之书。1894 年，长泽看到了 H. S. Hall（1848—1934）和 S. R. Knight 的 3 种代数学教科书，分别是《高等代数学》（*Higher Algebra*）、《初等代数学》（*Elementary Algebra*）和《初学代数学》（*Al-*

gebra for Beginners），他认为其中的高等代数、初等代数与史密斯的大小代数基本属于同一时期的书，没有新意。但是初学代数学是最近刚出版的新书，专门为初学者编撰而成。全书构思精巧，采取"由易入难、由粗入精、由简入繁"的编排方式，非常适合完成算术课程后初学代数学的学生使用。而且日本当时还没有这样的教材问世，于是长泽在 1894 年将该书翻译出版，名为《初学代数学》。① 之后在 1901 年，长泽认为虽然当今日本数学书已经很多，但都属于中学教科书程度之物，可供教员和学生参考的数学书也只有樱井和千本二氏合译的代数学以及他翻译的史密斯大代数学，为了填补这一空缺，他将英国数学家 G. Chrystal（1851—1911）的 *Introduction to Algebra* 翻译为《新著代数学》出版，供教员及学生参考之用。②

可见，史密斯代数学教材在当时日本中学教育中占有基础性地位，其后不管是翻译西方教材，还是日本数学家自编教材都是以该教材为基础的改进与补充。例如，前面提到的很多史密斯代数学译著及上野清编撰的《中代数学》、松岗文太郎编译的《初等代数学补修全书》、佐久间文太郎编撰的《中等代数学》等都是以史密斯代数学为基准进行的引进与补充。

经过 19 世纪后半期翻译、引进、消化、吸收西方各国代数学教科书，日本数学家逐渐成熟起来，开始自己编撰适合日本的代数学教科书。长泽也编撰了许多中等教育、女子教育、实业教育的代数学教科书，被当时各中学广泛使用。此时已经很难分清哪本教科书来源于哪个国家的哪个数学家，而是综合各家之长的产物。但不管怎样，19世纪后半期日本代数学的西化积累过程中，史密斯代数学的影响不容忽视。

4.5　本章小结

从 1886 年开始，长泽龟之助开始独立探索更加适合日本数学教

---

① Hall H S, Knight S R. 初学代数学［M］. 長澤龜之助，訳. 東京：明法堂，1894：5.
② Chrystal G. 新著代数学［M］. 長澤龜之助，訳. 東京：成美堂，1901：8.

育的教科书，在 1887 年，长泽龟之助就看到了刚刚在伦敦出版的史密斯《初等代数学》，他认为该书编排方式与讲授内容非常适合日本的代数学教学。于是 1887 年，自己出资将史密斯《初等代数学》译为日语在日本发行。没想到该书在日本非常畅销，得到众多公私立学校和数学家的认可，并通过文部省检定，成为日本中学的代数学教科书。从此作为中学代数学教科书的突氏代数学便慢慢被史密斯代数学取代退出了历史舞台。

但毕竟史密斯《初等代数学》是为了英国中等数学教育编撰，有个别地方不适合日本数学教育实况，于是长泽开始按照各中学教员的建议及中学教授细目的要求不断改进该书，首先作为该书的补遗，长泽于 1890 年参照 Hall and Knight 的小代数书第 4 版编撰了《史密斯小代数学补遗对数》，这是长泽针对史密斯小代数学缺乏对数影响正常数学教育而做的努力。之后于 1893 年又参照查普曼（Chapman）的 *Theory of Equations* 及众多西方数学家的著作编撰了《方程式之理论》一书以补史密斯代数学缺乏返程论的缺憾。不仅如此他还时刻关注史密斯新版代数学在英国的出版情况，及时改进日本的旧版教科书。1895 年又将史密斯大代数学翻译为日文出版。在当时这是最完整、最新的史密斯大代数学。

长泽不仅按照史密斯新版英文教科书改进日本的旧版史密斯代数学教材，还同时修订了旧版英文史密斯教科书，并将其中的英国度量衡货币单位改成日本单位，将其中赌博等不利于中学数学教育的例题删去，重新编排，为使用英文版教科书的日本学生提供了方便。

长泽龟之助在翻译史密斯《初等代数学》时具有开创性的贡献要数他突破藩篱，将该教科书的编排体例由竖排改为横排。这一举动具有开创性的意义，之后在长泽龟之肋、菊池大麓等众多日本数学家的推动及读者的要求下，日本的横排数学书才逐渐推广开来。在翻译史密斯代数学时日本的数学术语还没有彻底统一，长泽为了使自己使用的数学术语能够得到大家的认同，同时为了日本数学术语走向统一，在史密斯代数学书后列出"学语之英和对照"表，供读者及后人参考。对日本代数学术语的最终统一做出了重要贡献。

　　总之，长泽在日本代数学教材引进方面贡献卓著，他引进的突氏代数学、史密斯代数学、库氏代数学成了当时日本代数学教学的主要教材和参考书，被称为当时日本的"三大代数学"，极大丰富了日本的数学教材。随着翻译西方代数学教科书的知识积累，长泽开始自己编撰中学代数学教材，他翻译和编撰的许多代数学教材直到大正时期还在使用，可见其影响力之大。

第5章 长泽龟之助编译的
几何学教材

5.1 长泽龟之助引进的西方几何学教材

随着日本学习西方的逐渐深入与日本数学教育的推进，日本的教科书逐渐丰富起来。1884 年 1 月长泽龟之助在数理书院翻译出版了初等几何学教科书《宥克里》，该书的底本为英国数学家突氏为了英国几何学教育而根据欧几里得的《几何原本》改编而成的版本，英文书名为：*The Elements of Euclid for the Use of Schools and Colleges*，是当时英国非常畅销的几何学教科书。突氏的《几何原本》共包含八卷，截取自欧几里得《几何原本》前六卷和第十一、第十二卷，通过和长泽龟之助的译本比较，发现两版本内容相差无几，从这一点可以看出长泽在翻译时没有对底本进行改动。但"该书既非高等学理之书，又不合于教科之用"①，故而在日本也没有引起太大反响。《宥克里》在日本没有作为几何学教材广泛使用的另外一个原因是当时翻译突氏的 *The Elements of Euclid for the Use of Schools and Colleges* 不只长泽一人，还有工部大学校造家科第一届毕业生曾祢达藏，其在 1884 年 4 月也曾译过该书，但只翻译了前四卷和对应的练习题，书名为《突氏几何学》。该译本比长泽的《宥克里》易读。② 这也许是长泽译本没有在日本广泛流传的原因。除了突氏的《宥克里》之外，长泽还翻译了英国著名数学家柯氏（John casey，1820—1891）根据欧氏几何学改编的

---

① 周达. 日本调查算学记 [M]. 上海：中西书局，1903：14.

② 公田藏. 明治前期の日本において教えられ、学ばられた幾何 [J]. 数理解析研究所講究録，2006（1513）：188 – 203.

几何学教材 *The first six Books of the Elements of Euclid，and PropositionsI－XXI. of Book* Ⅺ，*and an Appendix on the Cylinder，Sphere，Cone，etc，With copious Annotations and numerous Exercises*，名为《改正增补欧几里得几何学》，该书还通过文部省检定成为中等几何学教材。

当时对日本中学几何学教学影响较大的要数 1888 年菊池大麓编撰的《初等几何学教科书》。该教科书在日本一经出版，便被各中学和中等师范学校当作标准的几何学教科书使用，并不断再版改进，非常畅销。之后到 19 世纪末 20 世纪初，日本的几何学教科书种类已经非常丰富，出现了中条澄清组织数理社翻译的《试验几何学初步》（1890），高桥丰夫编撰的《几何学初步》（1890），长泽龟之助编撰的《中等几何学初步教科书》（1894）等不同程度的教科书。[①]可见，在 1894 年长泽已经具备了自己编撰几何学教科书的能力，而且他编撰的教科书的使用量在日本也名列前茅。但是为了引进不同体例的中等几何学教科书，他于 1898 年和藤本曾登吉合作翻译了美国著名数学家温德华氏（G. A. Wentworth，1835—1906）1897 年改版的 *New Plane Geometry*，名为《新撰平面几何学》。该书由两部分组成，第一部分为几何学，其中主要介绍了几何学及几何学中常用的概念，第二部分为平面几何学，共分五编：

第一编　直线

第二编　圆

第三编　比例线及相似多角形

第四编　多角形的面积

第五编　正多角形及圆

而当时主流的几何学教科书采用的体例则是：

绪论

第一编　直线

第二编　圆

---

① 日本の数学 100 年史编集委员会. 日本の数学 100 年史［M］. 東京：岩波書店，1983：136－140.

第三编　面积

第四编　比及比例 ①

可知，长泽翻译的温德华氏《新撰平面几何学》和当时的主流平面几何学教科书的编排体例有一定差异，例如，在《新撰平面几何学》中，将正多角形和圆的关系单列为第五编，而在当时的主流几何学教科书中则将其放在了第二编圆中。而且从内容上看，《新撰平面几何学》中有极限的相关内容，而主流几何学教科书中则没有。

所以《新撰平面几何学》的问世给当时的几何学教学提供了更多的参考和选择。到 1904 年左右，日本已经有许多种类的平面几何学和立体几何学教科书问世，但是可供学者参考之几何学辅助教材几乎没有，偶有一两本译书也都是偏重作图题或止于近世几何学，没有越出初等几何学之范畴，当时还没有系统介绍平面和立体几何的优良参考书供学者使用。② 所以长泽打算引进这样的参考书，在选择原书时，长泽煞费苦心，有的书内容太过简单，有的书练习太少，偶有一二好书又难觅原本。最后在百般斟酌之后选择了法国数学大家卡塔兰氏所著《几何学定理及问题》增订第 6 版进行翻译。翻译时长泽对底本进行了深度阅读，并改正了其中文字、符号、图形等的错误之处，对于书中不足之处长泽还进行了补译，于 1904 年出版了第 1 版，出版之后受到了社会的广泛关注。为了进一步完善该书，1906 年长泽自己编撰出版了《几何学定理及问题》第 2 版增补之部，其中编撰了卡塔兰氏书中没有提到的几个定理。1914 年出版第 3 版，在书中增补了毕达哥拉斯定理的各种证明和直角三角形的性质。不断补充再版足以说明该书在当时的受欢迎程度。

"但是在 1923 年 9 月 1 日上午 11 点 58 突发关东大地震，三天三夜的地震使东京几乎化为焦土，我翻译的《几何学定理及问题》的各种纸质版本、电子版本、木版本在这次大地震中也没有幸免于难。我

---

① 田中伸明，上恒涉. 明治後期における中等学校数学教科書の様相［J］. 三重大学教育学部研究紀要，2015（66）：316.

② カタラン氏. カタラン氏幾何学定理及び問題［M］. 長澤亀之助，訳. 東京：日本書籍株式会社，1904：3.

想重新改订出版此书，但本书原本也在 1922 年 1 月 13 日家中失火烧毁。原本又为绝版之书，无处购买。幸好挚友冈本则录先生还有此书，于是借来重新再版供学者之用。"①

这是长泽在 1925 年改订第 4 版的序言。在如此困难的时刻，长泽还想尽办法重新再版该书，可见它对于当时几何学教学的重要性。也说明了此书在长泽心目中的地位和长泽对于出版几何学教育参考书的执着（图 5 - 1）。

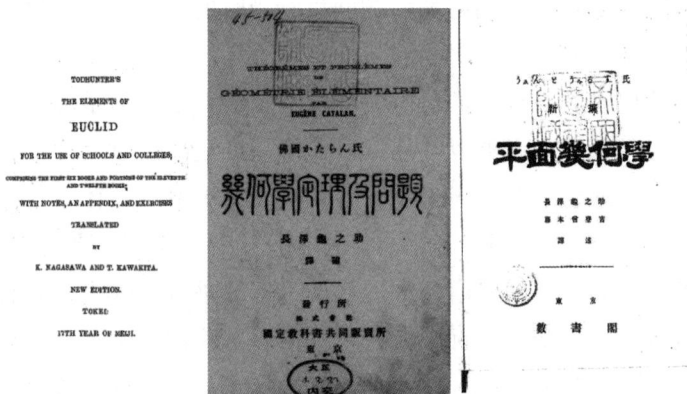

图 5 - 1　长泽翻译的中等几何学教材

总之，从 1884 年开始直到他去世的前 2 年，长泽一直在不断探索适合日本中学教育的几何学教科书。期间有翻译西方的教科书也有自己编撰的教科书。有的教材合适日本教育实际，在日本大受欢迎，而有的教材由于种种原因没有得到学生的认可。1884 年翻译突氏的《宥克里》之后社会反响很差，他没有放弃，紧接着一边摸索着自编几何学教材，一遍放眼国外寻找合适的教科书。后来长泽又翻译了柯氏的《改正增补欧几里得几何学》，该书在日本非常受欢迎，并通过文部省检定成为中学几何学教科书。1898 年，长泽又将美国著名数学家温德华氏的《新撰平面几何学》教科书引入国内，希望给日本几何学教学提供参考。之后在日本教科书已经相当发达的情况下，他注意

---

①　カタラン氏. カタラン氏幾何学定理及び問題 [M]. 長澤亀之助，訳. 東京：国定教科書共同販売所，1925：7.

到日本几何学教育缺乏统辖平面几何学和立体几何学的参考书，于是在众多西方书籍中精心挑选了卡塔兰氏的《几何学定理及问题》翻译出版。该书的畅销和不断再版再一次证明了长泽对于日本数学教育的了解程度和独特眼光。

5.2　长泽龟之助自编的几何学教材

5.2.1　自编几何学教材简介

长泽在翻译西方数学教科书的同时也在尝试着自己编撰几何学教科书。1893 年，长泽编撰的《中等几何学初步教科书》应该是他自编的第一本教科书，按照该书序言交代，当时中学一年级就要开设几何学初步这一门课程，这一课程主要是为以后学习几何学打基础，需要学生了解什么是几何学、几何学要学习什么及简单的几何学定义，但没有合适教科书可用。于是长泽就参照西方众多数学家的几何学教科书编写了该书，由数书阁出版发行。因为当时的中学教则没有细目，只是按照明治十九年的"中学校令"及后来的补充条款来执行。中学校令只规定了中学要教授的几何内容为"定義、公理、直線、直線形、円、面積、平面角、立体角、角錐、角堤、球、円錐、円堤"①，这些内容具体教授什么，几年级教授什么内容没有具体规定，所以长泽在序言中还交代了该书的教学时数及教授方法。该书在 1894年再版，内容基本上没有改动，只是在书后增加了许多数书阁出版的教科书广告，这些书大部分为长泽编译之书。

在此之后长泽开始编撰各种中学教育、实业教育、女子教育的教科书及习题集，几乎每年都有新教材或再版教材问世。下面是笔者整理出来的长泽编撰的各种教科书和习题集，为了便于分辨哪些书在当时比较畅销，出版量较大，笔者将同一教材的再版情况一并列出。

---

① 文部科学省. 尋常中学校ノ学科及其程度（明治十九年六月二十二日文部省令第十四号）［EB/OL］. http：//www. mext. go. jp/b_ menu/hakusho/html/others/detail/1318030. htm. 2016. 3.

《中等几何学初步教科书》（数书阁，1893 年）

《中等几何学初步教科书》（数书阁，1894 年）

《中等教育几何学阶梯》（大阪三木书店、东京数书阁，1896 年）

《中等教育几何学教科书平面之部》（大阪三木书店、东京数书阁，1896 年）

《中等教育几何学教科书立体之部》（大阪三木书店、东京数书阁，1896 年）

《中等教育几何学教科书平面之部》（11 版）（大阪三木书店，1900 年）

《中等教育几何学教科书立体之部》（11 版）（开成馆，1900 年）

《新几何学教科书平面》（东京郁文社、大阪积文社，1904 年 8 月）

《新几何学教科书平面》（日本书籍株式会社，1904 年 8 月）

《新几何学教科书平面》（日本书籍株式会社，1905 年）

《新几何学教科书平面》（国定教科书共同贩卖所，1907 年）

《新几何学教科书平面》（国定教科书共同贩卖所，1908 年）

《新几何学教科书平面》（国定教科书共同贩卖所，1911 年）

《新几何学教科书平面》（大正版）（国定教科书共同贩卖所，1914 年）

《中等教育新几何学教科书平面》（东京成美堂国书店，1926 年）

《新几何学教科书立体》（东京郁文社，大阪积文社，1904 年 10 月）

《新几何学教科书立体》（日本书籍株式会社，1904 年 10 月）

《新几何学教科书立体》（日本书籍株式会社，1905 年）

《新几何学教科书立体》（国定教科书共同贩卖所，1907 年）

《新几何学教科书立体》（国定教科书共同贩卖所，1908 年）

《新几何学教科书立体》（国定教科书共同贩卖所，1911 年）

《新几何学教科书立体》（大正版）（国定教科书共同贩卖所，1914 年）

《中等教育新几何学教科书立体》（东京成美堂国书店，1926 年）

《几何学精义》（东京成美堂，1907 年）

《实业教育几何学教科书》（宝文馆，1908 年）

《实业教育几何学教科书》（宝文馆，1912 年）

《实业新几何学教科书》（宝文馆，1916 年）

《女子教育几何学新教科书》（宝文馆，1910 年）

《试验问题讲义几何学之部》（初版）（东京东海堂，1910 年）

《试验问题讲义几何学之部》（再版）（东京东海堂，1911 年）

《试验问题讲义几何学之部》（3 版）（东京东海堂，1912 年 5 月）

《试验问题讲义几何学之部》（4 版）（东京东海堂，1912 年 9 月）

《试验问题讲义几何学之部》（5 版）（东京东海堂，1913 年 3 月）

《试验问题讲义几何学之部》（6 版）（东京东海堂，1913 年 10 月）

《试验问题讲义几何学之部》（7 版）（东京东海堂，1914 年）

《试验问题讲义几何学之部》（9 版）（东京东海堂，1918 年）

《试验问题讲义几何学之部大正—昭和最近十一年间》（东京东海堂，1927 年）

《新几何学问题组织补习》（国定教科书共同贩卖所，1910 年）

《研究的立体几何学平面三角法受验参考自习之友》（宝文馆，1916 年）

《研究的平面几何学受验参考自习之友》（宝文馆，1916 年）

从上面各教材的出版、再版情况可以看出，长泽编撰的几何学教材共 13 部（书后所标日期为该教科书的初版时间）。

其中几何学教科书 8 部：《中等几何学初步教科书》（1893）、《中等教育几何学阶梯》（1896）、《中等教育几何学教科书平面之部》（1896）、《中等教育几何学教科书立体之部》（1900）、《新几何学教科书平面》（1904）、《新几何学教科书立体》（1904）、《实业教育几何学教科书》（1908）、《女子教育几何学新教科书》（1910）。

几何学教学参考书 1 部：《几何学精义》（1907）。

习题集 4 部：《试验问题讲义几何学之部》（1910）、《新几何学问题组织补习》（1910）、《研究的立体几何学平面三角法受验参考自习之友》（1916）、《研究的平面几何学受验参考自习之友》（1916）。

其中再版较多的有 3 部：《新几何学教科书平面》（1904）、《新几何学教科书立体》（1904）及《试验问题讲义几何学之部》（1910）。

5.2.2　自编几何学教科书

5.2.2.1　中等几何学教科书

从上面长泽编撰的几何学教科书来看，按照应用范围的不同可分为3类：中等教育几何学教科书、实业教育几何学教科书和女子教育几何学教科书。当时的女子教育和实业教育都属于中等教育范畴，所以女子教育和实业教育的教科书也可以归为中等教育之列。

在1898年"寻常中学校教授细目"公布之前，日本各中学的教授内容非常混乱，各地中学所用教科书不同，教授内容的难易程度也有差别，所以导致不同中学的毕业生水平参差不齐。为了统一全国各地的教授内容。1898年文部省组织寻常中学校教科细目调查委员会对各地中学的教学状况进行调查，并按照调查结果于公布了"寻常中学校教授细目"。该细目非常详细地规定了中学各科的教授时数及内容，为教科书的编撰提供了依据。虽然之后在1902年和1911年文部省又公布了中学教授要目，但基本沿用了1898年细目的内容，对教科书的编撰影响不大。

按照该细目的规定，当时寻常中学为5年，几何学的开设时间分别为第二学年第三学期，第三、第四、第五学年。其中，第二学年开设的课程名称为"几何初步一"第三、第四、第五学年开设的课程名称为"几何二"。在细目颁布之前，长泽编撰了4本教科书，几何初步一教科书2本，普通初等几何二教科书2本，其中1893年编撰的《中等几何学初步教科书》是专门针对几何学初步编纂的教科书，没有与其配套的普通初等几何学教科书。而在1896年长泽注意到"现在中等程度的几何学教科书现今已经很多，但是由于近年来中学入学规程的变更，现在的教科书或内容太深且篇幅过大，或插入问题太多，而且说明太过繁杂，适合实际教授之用的教科书寥寥无几，所以他参考教师诸君的建议编成该书"。[①]这是长泽在1896年所编《中等

---

① 長澤亀之助. 中等教育幾何学教科書平面之部［M］. 大阪：三木書店；東京：数書閣，1896：3.

教育几何学教科书平面之部》的序言中所述，其实和该书同时出版的还有《中等教育几何学阶梯》及《中等教育几何学教科书立体之部》，这 3 本书加起来就是一套完整的中学几何学教科书，包含了中等几何学教育的全部内容。其中《中等教育几何学阶梯》是几何学初步教科书，目录如下。

《中等教育几何学阶梯》目录

第一编　绪论　　　　　附录　简易测量术

第二编　直线及角　　　第一章　绪论

第三编　三角形　　　　第二章　器械

第四编　多角形　　　　第三章　线测量

第五编　圆　　　　　　第四章　平面及水准测量

第六编　面积　　　　　第五章　求积与制圆

本书只有 60 页，作为寻常中学校一年级开设的几何学初步教科书使用。几何学初步主要是为二年级以上所开"初等几何学"做准备，鉴于此目的，该书只是想让学生接受简单的几何学思想，所以其中主要讲述了几何学的一些基本概念和简单问题。书后附简易测量术主要是为了让学生了解几何学习的实际意义，增加学生学习几何的兴趣（图 5 - 2）。

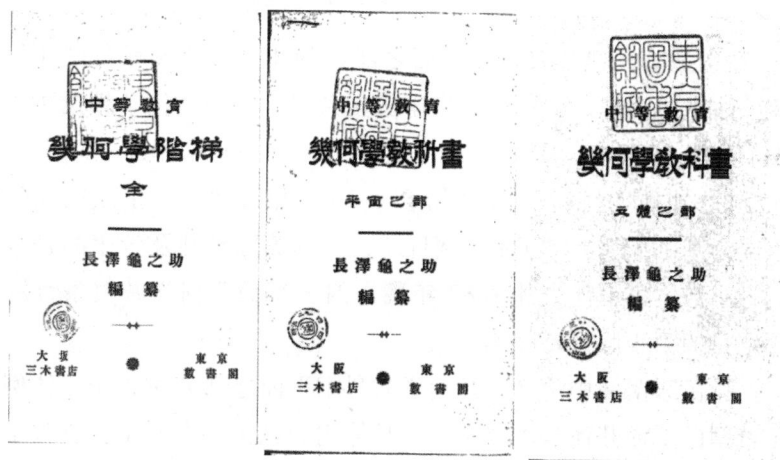

图 5 - 2　长泽编撰的中等教育几何学教科书

而《中等教育几何学教科书平面之部》和《中等教育几何学教科书立体之部》则是在一年级学完《几何学初步》之后，在二、三、四年级使用的初等几何学教科书。目录分别如下。

《中等教育几何学教科书平面之部》目录

平面之部前卷目录　　　　　平面之部后卷目录

绪论　　　　　　　　　　　第三编　面积

第一编　直线　　　　　　　第四编　比及比例

第二编　圆　　　　　　　　第五编　比例的应用

附录练习问题　　　　　　　第六编　正多角形及圆的测度

Ⅰ直线之部　　　　　　　　附录练习问题

Ⅱ圆之部　　　　　　　　　Ⅲ面积之部

　　　　　　　　Ⅳ比例的应用之部

Ⅴ正多角形及圆的测度之部

《中等教育几何学教科书立体之部》目录

第一编　平面　　　　　　Ⅰ平面之部

第二编　多面体　　　　　Ⅱ多面体之部

第三编　体积论　　　　　Ⅲ体积之部

第四编　球　　　　　　　Ⅵ球之部

附录　练习问题　　　　　学语之英和对照

《中等教育几何学教科书平面之部》的体例主要参考英国几何学教授法改良协会规定的平面几何学教授条目。英国几何学教授法改良协会成立于 1871 年，是为了改变英国几何学一直采用欧几里得几何学教学的陈旧体例而成立，该协会于 1875 年首次公布了欧氏几何学前六卷为基础编纂的"几何学纲目"，受到英国教师及学生的普遍欢迎。日本数学家菊池大麓 1887 年翻译的《平面几何学教授条目》就是该纲目的第 4 版（1885 年）。

长泽在编撰《中等教育几何学教科书平面之部》过程中，体例采取了英国的平面几何学教授条目，具体内容则主要参考了西方数学家 Wilson, Nixon, Hall and Stevens, Taylor, Wentworth 及 Rouché et

Comberousse 的教科书。①立体之部则主要以 Wilson 的教科书为基础，同时参考了英国数学家 Hayward，Nixon，Casey，Hall and Stevens，美国数学家 Chauvenet，wentsorth，法国数学家 Rouché et Comberousse，以及德国数学家 Hug，Kambly，müller 的教科书。证明过程的写法则模仿了英国数学家 Nixon 的教科书。②

在寻常中学校教授细目没有公布之前，这套教科书非常明确地指出了具体的教授年级及时数。按照目录，平面之部前卷为二年级开设课程，平面之部后卷为三年级开设课程，而立体之部为四年级开设课程。其中每学年 35 周，每周 2 学时。因为当时的很多教科书太过繁杂，而且问题太多，使很多学校不能正常完成教学任务。为了解决这一弊端，长泽在书中只插入少量简单易懂的问题，同时为了避免问题太少，缺乏练习影响教学效果，他还特意在书后附录中增加了各编的练习问题，可供学习进度不同的学校和不同教员自由参考使用。这种明确的教学指导弥补了当时许多教科书的不足，同时灵活的编排方法也得到了当时各中学的认可，到 1900 年短短 4 年时间，这套教科书已经再版到了 11 版。

在 11 版再版之际，长泽参考了各中学教员的使用建议，并按照 1898 年文部省颁布的教授细目调整了其中个别章节的内容，其中第六编正多角形及圆的测度本来不在细目要求范围之内，但长泽认为这一部分非常重要，于是保留。

1904 年，长泽又编撰出版了《新几何学教科书平面》和《新几何学教科书立体》2 本教科书。这套教科书其实就是对之前几何学教科书平面之部和立体之部的再次改版。首先于 1904 年 9 月由东京郁文社和大阪积文社出版发行，之后于 12 月又由日本书籍株式会社再次出版。这套书和以前的教科书相比更加简洁，目录如下。

《新几何学教科书平面》目录　　《新几何学教科书立体》目录

_____

① 長澤亀之助. 中等教育幾何学教科書平面之部 [M]. 大阪：三木書店；東京：数書閣，1896：3-6.

② 長澤亀之助. 中等教育幾何学教科書平面之部 [M]. 大阪：三木書店；東京：数書閣，1896：3.

由此可知，本次新改版的平面几何教科书省掉了之前的第六章正多角形及圆的测度，而立体几何学教科书则省掉了第三编体积论，这样的编排使教科书看起来更加简洁明了，易于学生接受。他在《新几何学教科书平面》的序言中提到了他编撰该书的概要：

"本书是为中学校、中等师范学校及其他中等教育学校编撰的教科书，大致编撰概要如下。

①注重和其他数学分科的衔接。以前的传统数学教科书各科之间缺乏衔接，因为在几何之前已经学习了了算术和代数，所以中等几何学一定要注意和之前学过的数学知识相衔接。

②注重应用。以前的教科书缺乏几何学应用而显得枯燥无味，所以中等教科书应该适当加入应用性问题。

③省去正文中的理论术语。之前的教科书中理论术语太多，所以本书将其从正文中省去放到页下，供使用者参考。

④丰富而简洁的定律。书中涉及许多定理，如面积定理、比理论等与算数和代数学相关，在讲述时尽量做到简洁明了。

⑤辅助线的画法采用虚线，和已知图形区分明确，一目了然。

⑥比理论从简的原则。复杂冗长的比理论对于中学生理解困难，所以书中能通约的量尽量通约，不可通约的取其近似值。

⑦对于数学历史的注释。数学历史的注释有利于学生增加学习兴趣，所以对于书中的数学家及数学史都参照众多西方书籍做了注释。

⑧书后定理一览表方便学生查找。

⑨在问题的选择方面，不仅注意其必要性，还注意趣味性、实用性及和其他数学分科的联系。

⑩课后附补习题，供学有余力的学生使用，也可供学完该书后的

复习之用。

⑪代数学和几何学之解法比较。用代数学和几何学分别解简单的二次方程式，让学生了解 2 种解法，增加兴趣。

⑫符号证明法。证明过程彻头彻尾用文字表述太过愚钝，我数十年来一直坚持用几何符号简化证明过程这一做法。现在的教科书也基本倾向于使用几何符号，故本书也配以适当符号来简化证明过程。

⑬定理的证明尽量不要跨页。几何学的证明经常有图形作为参考，如果跨页，对于学习非常不便。

⑭每一节的末尾留有空白处供学生做笔记之用。

⑮教科书的简明。十多年来我一直坚持教科书应该简明，本书的编撰也尽量做到了简明扼要。"①

由此概要可知，长泽在编撰教科书时，充分考虑到了如何解决实际教学中存在的问题。例如，增加应用问题以调动学习积极性、讲述方法尽量简单易懂、注意数学各分科之间的联系、辅助线的画法及书中证明过程的编排等都细致入微，甚至还在章节末尾为了学生做笔记而留有空白。从这些考虑可以看出长泽非常了解当时的教学实况。

之后分别于 1905、1907、1908、1911、1914、1926 年不断再版发行。特别是在经过 4 年的使用，各中学教员认为该教科书一改以前教科书枯燥无味的缺点，非常适合中学教育，并提出了"实际教授报告注意"，长泽参照该报告进行于 1907 年重新改版，使其成为更加适合日本中等教育的教科书。但由于教学时数有限，教师要完成书中的全部问题的讲授不太可能，于是长泽在 1911 年改版时经过精心挑选，将其中必须要完成的重点问题附以记号"＊"，表示该问题是重点讲授问题，必须要完成。没有重点问题记号的可视教授实践和学生的掌握程度而决定教授与否。同时还在书后附"复习杂题"和"考试问题"，复习杂题供补习科或有志于考入高等学校的学生复习之用，而考试问题则是最近15 年间招收中学毕业生的各官立学校入学考试题中辑录而成，供学生考试前参考之用。

---

① 長澤亀之助. 新幾何学教科書平面［M］. 東京：日本書籍株式会社，1904：5－9.

1914 年改版时，指出了书中需要重点讲授的定理和作图题，同时将书中前后重复或者简单例题的证明去掉，让学生自己写出，以增强学生独立完成简单证明的能力。1926 年，长泽结合当时的教学情况，并仔细研究当时全国的主要教科书进行改版。此时长泽已经 66 岁，即便如此，他还和各中学教员就如何改进教科书进行广泛交流与讨论，最终大家一致讨论决定在文字表述上改以前的文语体为口语体以适应时代的发展，同时为学生学习提供方便。

长泽编撰的这套中等几何学教科书几经改版，一直在日本各中学使用。据田中伸明和上恒涉的统计，在明治四十年，日本中学使用最多的几何学教科书为菊池大麓编的《几何学小教科书平面几何学》和《几何学小教科书立体几何学》，接下来还有林鹤一、寺尾寿、三轮桓一郎、桦正董的教科书也比较受欢迎。长泽作为一名民间教育家，他的《新几何学教科书平面》和《新几何学教科书立体》在日本各中学广泛使用，分别居前 6 位和前 7 位。[1] 可见，长泽几何学教科书在当时日本的地位。

5.2.2.2　女子及实业教育几何学教科书

随着日本教育制度的不断完善，中等教育领域除了普通中学教育之外，还开始进行女子教育和实业教育。明治十年左右，随着小学毕业女学生的增加，开始设立女子学校，当时称为"高等女学校"，其实就是实施女子中等教育的学校。随后在明治十六年和十七年，文部省分别通过了农业学校通则和商业学校通则，此后各种实业学校开始逐渐发展起来。由于女子教育和实业教育的授课年限、授课时数和普通中等教育完全不同，都要短于中等教育。所以在教科书方面也必须另行编撰适合各自教学的教科书（图 5-3）。

据笔者调查，长泽编撰的女子教育几何学教科书只有 1 本，即1910 年编撰的《女子教育几何学新教科书》，该书在目录编排上和普通中等教育几何学教科书完全相同，由绪论、第一编直线、第二编面

---

① 田中伸明，上恒涉. 明治後期における中等学校数学教科書の様相［J］. 三重大学教育学部研究紀要，2015（66）：311.

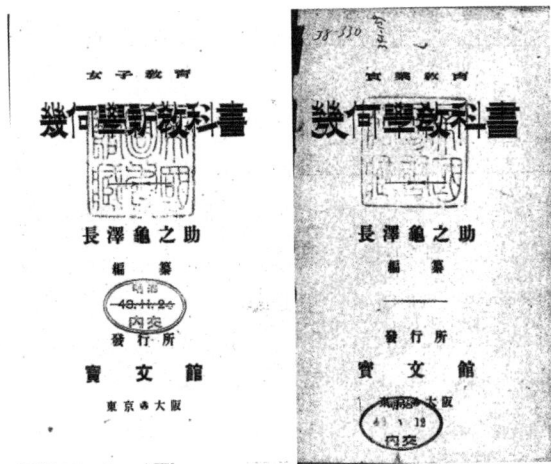

图 5 - 3　长泽编撰的女子和实业教科书

积、第三编圆、第四编比例、编外立体及附录练习杂题组成。但是在具体内容编排上比中等教育教科书要简单得多，女子教育教科书将平面几何和立体几何合为一本编撰而成。而中等教育教科书分别出版了平面几何和立体几何 2 本教科书。女子教育教科书的平面几何只讲了最基本的定理，立体几何也只讲到了定义和面积、体积，而中等教育教科书则包含了更全面的几何学定理。下面是中等教育几何学教科书和女子教育几何学教科书中多角形定义和面积定理内容的对比，如表 5 - 1 所示。

表 5 - 1　中等教育和女子教育几何学教科书内容对比

	女子教育几何学教科书 （1910 年）	中等教育几何学教科书 （1911 年）
多角形定义	对角线、钝角三角形、直角三角形、锐角三角形、二等边三角形、等边三角形、等角三角形、正多角形	对角线、钝角三角形、直角三角形、锐角三角形、二等边三角形、等边三角形、等角三角形、正多角形、平面形、直线形、多角形、内角、外角、三角形、四角形、五角形、凸多角形、凹多角形、不等边三角形

续表

	女子教育几何学教科书 （1910 年）	中等教育几何学教科书 （1911 年）
面积定理	①同底等高的平行四边形和矩形的面积相等 ②三角形的面积是其同底等高平行四边形面积的一半 ③以直角三角形斜边为底的正方形面积与以两直角边为底的正方形面积之和相等	①同底等高的平行四边形和矩形的面积相等 ②三角形的面积是其同底等高平行四边形面积之半 ③以直角三角形斜边为底的正方形面积与以两直角边为底的正方形面积之和相等 ④两个等底等高矩形的面积相等 ⑤正多角形的面积等于其周长与边心距之积的一半 ⑥圆面积是圆内接正多角形的边数无限增多时面积的极限 ⑦圆面积是以圆半径和周长组成矩形面积的一半……

由表 5－1 可知，女子教学几何学教科书中的定义、定理都要少于中学几何学教科书，而且其讲解详细程度也有差别。女子教科书只给出简单的定义，而中学教科书在定义后还会有具体说明与扩展，女子教科书在定理后很少有推论出现，而中学教科书则在定理证明之后还附有大量推论及例题和练习题。可见无论从书的篇幅、内容，还是详细程度，女子教科书都要简于中学教科书。这也是长泽极力单独编撰女子教育教科书的原因所在。

女子教育和实业教育的授课年限及教学时数也有区别，所以长泽在编撰女子几何学教科书的同时也在考虑编撰实业几何学教科书。长泽编撰第一本实业教育几何学教科书是在 1908 年，名为《实业教育几何学教科书》，在该书出版之际，长泽在序言中说：

"本书主要为府县公私立农学校、商业学校、商船学校、工业学校等中等教育程度的实业学校教科书而编，在编撰过程中，广泛参考各府县公私立实业学校的课程表及现在使用的教科书，并和各实业学校的各教员进行了深刻交流。

中学程度的实业学校比中学校的修业年限短，而且实业学校还要学习其他专业学科，所以数学的教授时数不足中学校一半，不言而喻，实业教育需要特有的教科书。

之前也有实业学校教科书的出版，但这类教科书的缺点显而易见。第一，所需教授时数超过规定时数；第二，在规定时数内所教授的内容程度太低；第三，缺乏趣味性和实用性。基于这些缺点，我对现有实业教科书进行改良，希望对实业教育有益，也希望实业教育各教员对该书多提宝贵意见。"①

该书经过 3 年使用，受到各实业学校的广泛认可，而且各教员也提出了改进意见，于是长泽在 1912 年再版该书。再版之际，长泽充分考虑了各教员的建议，对全书进行全面订正，并补充了立体之部中的内容，还在卷末补充了补习问题进行完善。②改版以来，这套教科书在全国多所实业学校使用。1916 年，长泽参考其他实业教科书及教员的建议进行改版，名为《实业新几何学教科书》，与此同时还出版了实业新算数、几何、三角法教科书供实业学校使用。

可见，长泽不仅编撰中学校的几何学教科书，还时刻关注中等女子教育和实业教育的发展，并基于各教育的教学时数和特点，编撰了适合各自学科特点的几何学教科书，这些教科书的编撰与不断再版再一次说明了长泽编撰教科书的能力和他对当时教育状况的了解程度，以及他为日本中学几何学教育所做的贡献。

5.2.3　自编几何学参考书及习题集

长泽除了编撰中学教育、女子教育、实业教育的教科书之外，还编撰了许多供各中学学生及教员参考的数学参考书和习题集。

1904 年，日本国人自己编撰的中学几何学教科书已经非常普及，但内容基本上都是平面几何学或简单的立体几何。而且各书基本都是

---

① 長澤亀之助. 実業教育幾何学教科書 [M]. 东京：宝文館，1908：Ⅰ-Ⅱ.
② 長澤亀之助. 実業教育幾何学教科書 [M]. 东京：宝文館，1912：Ⅰ.

参照当时的教授要目编撰，内容大体一样，各教科书之间没有可供借鉴之处。当时还没有涵盖平面几何和立体几何全部内容的教学参考书出现，长泽注意到了这一点之后，开始收集可以弥补这一不足的西方书籍，在众多的西方几何学书中，长泽发现法国数学大家卡塔兰氏的《几何学定理及问题》非常适合当时几何学教学参考之用，于是在百忙之中将其翻译出版。果不出所料，该书在日本非常畅销，不断再版。

与此同时长泽还在 1906 年创办了《XY》杂志，并通过该杂志发表数学问题与读者进行交流，在 1909 年该杂志的第六卷第九号上，长泽登载了截至 1909 年之前 13 年的各官立学校入学考试问题。读者认为这些问题的整理有利于他们学习的方便，于是希望长泽将这些考试题的解法也登载与杂志上，但是迫于版面有限，没办法将全部问题登载于杂志上供读者参考，于是长泽开始编撰历年官立学校的考试题和答案汇编。这套考试问题及答案的汇编名为《试验问题讲义几何学之部》，于 1910 年 5 月出版。除此之外，他还编撰了其他各科《试验问题讲义算数之部》《试验问题讲义代数学之部》《试验问题讲义三角法之部》。这套书的特点是将这些考试问题按照教科书的章节进行分类并在题后给出解法，因为这些试题和教科书完全同步，所以该书可以作为入学考试的参考书，还可以当作平时几何教学的练习题使用，同时也为教师教学提供了参考。图 5 – 4 为《试验问题讲义几何学之部》的封面及目录。

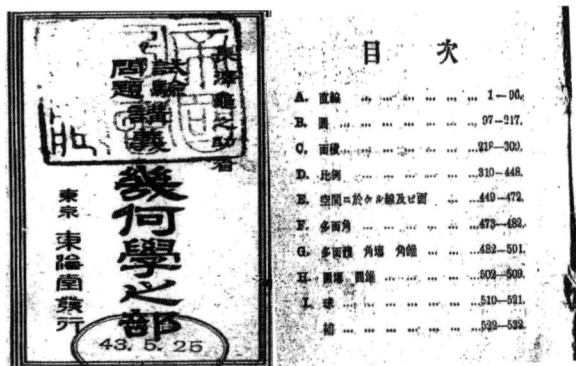

图 5 – 4　长泽编《试验问题讲义几何学之部》的封面和目录

这套书的出版为中学毕业生考入各官立学校提供了有利参考，受到了学生的一致好评。而且在书中长泽针对一道题提供了多种解法供读者参考，在解法之后还指出了最近几年的出题倾向，为学生如何学习指明了方向。①

该书在 1910 年初版之际收录了 1910 年之前 13 年的考试题，之后在 1914 年再版，再版之际又分别将 1911 年和 1912 年的考试题补录其中，使该书成为集 15 年的考试问题为一书的问题集。1918 年再版时已经收录了 1917 年之前 20 年的考试问题。可惜在 1923 年大地震后一时难觅该书。长泽觉得非常可惜，于是在 1927 年长泽去世之前又重新整理了 1917—1925 年的考试问题讲义，同时将 1926 年和 1927 年的优良考试问题讲义附于书后重新出版。长泽将这套书的更新一致坚持到了他去世这一年。可见这套书在他心目中的地位和他孜孜不倦服务于数学教育的决心。

除《试验问题讲义几何学之部》外，1910 年长泽还编撰《新几何学问题组织补习》。在 1916 年和 1917 年又分别编撰《受验参考自习之友·研究的立体几何学平面三角法》和《受验参考自习之友·研究的平面几何学》。这些教材的编撰目的有二：其一是作为中学教育的参考书，供学生自学之用；其二是作为参加高等学校入学考试的备考参考书，供学生复习之用。但不管出于何种目的，长泽都是在为提高学生的几何学能力，为几何学教育的更加完善，为学生能够学到更多知识，考入理想的高等学校而编撰。

所以长泽编撰的这些参考书和问题集是对中等教育几何学教材的补充。因为教学不仅需要教科书，更需要配合教科书的课外参考书和练习题，长泽正是意识到了这一点，所以才不断编撰适合日常教学和考试用参考书。这也是长泽在编撰教科书之外的又一贡献，这些参考书的出现弥补了教科书太过单一的缺点，促进了几何学教学的深化，也有利于培养学生的自学兴趣和思维能力。

---

① 長澤龜之助. 試驗問題講義幾何學之部［M］. 東京：東海堂，1910：Ⅰ-Ⅲ.

5.3　长泽龟之助编撰几何学教科书的特点

长泽编撰的第一本几何学教科书应该是 1893 年的《中学几何学初步教科书》，此时的长泽已经拥有了十几年的翻译与编撰教科书的经历。通过翻译与编撰各科教科书，长泽在教科书的编撰方法和编写思想方面已经成熟。所以他的几何学教科书和当时的主流教科书相比有其独到之处。主要体现在教科书配以习题集的教学思路，书中内容介绍简洁明快，易于理解。证明过程使用几何符号，注意几何其他学科的联系等。下面就以使用几何符号简化证明过程和代数几何的统合教学来说明长泽几何学教科书的特点，其他特点在算数、代数、三角教科书中也可看到，不是几何教科书的专属特点，故而将在第六章进行统一分析。

5.3.1　使用几何符号简化证明过程

几何符号的引入简化了现代几何学的证明过程。但是在日本明治时期，各几何学教科书中的证明过程还没有统一，有的完全采取文字描述，非常烦琐，而有的已经使用了几何符号，简单明了。长泽就曾积极推进几何符号的使用。1893 年，长泽在《中学几何学初步》时就开始使用一些简单的几何符号进行证明，但是还没有推广。例如，该书的第 41 至第 43 页有关"三角形内角和等于两直角"的证明过程如下（图 5 - 5）。

"86. 定理. 任意ノ三角形ノ總テノ角ノ和ハ二直角二等シ。

三角形 ABC ノ任意ノ頂点 C ヲ通シテ線 CD ヲ引キ、対辺 AB二平行セシベシ、然ルヰハ角 a = 角 A

同様二　　角 b = 角 B

然ルヰハ　三ッノ角 a + C + b = 三ッノ角 A + C + B

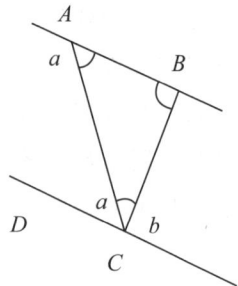

图 5 - 5

然ルニ　　角 $a+C+b=2$ 直角　ナルユエ　角 $A+C+B=2$ 直角. ”①

由上面的证明可知，当时虽然还没有大量使用几何符号来表示证明过程，但较之前全用文字描述已是一大进步。时隔 3 年，1896 年长泽在编写《中等教育几何学教科书平面之部》时，第 6 页已给出书中所有几何符号，如图 5 – 6 所示。

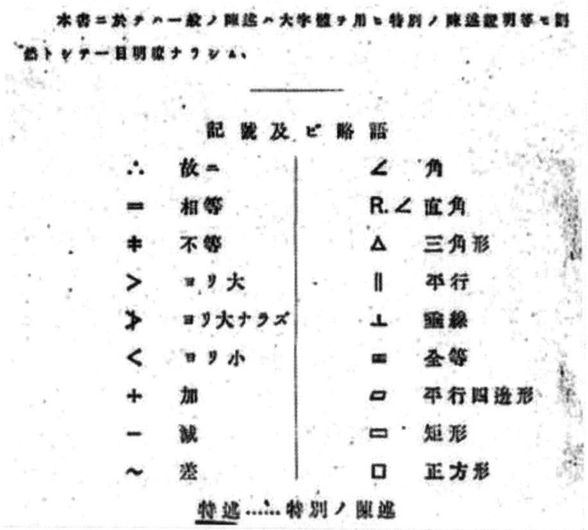
本書ニ於テハ一般ノ陳述ハ大字體ヲ用ヒ特別ノ陳述證明等ヲ別[illegible]トシテ一目明瞭ナラシム。

記號及ビ略語

∴	故ニ	∠	角
=	相等	R.∠	直角
≠	不等	△	三角形
>	ヨリ大	∥	平行
≯	ヨリ大ナラズ	⊥	垂線
<	ヨリ小	≡	全等
+	加	▱	平行四邊形
−	減	▭	矩形
~	差	□	正方形

特述……特別ノ陳述

图 5 – 6　长泽在《中等教育几何学教科书平面之部》中给出的几何符号

而且书中的证明过程全部用几何符号表示，证明过程简单易懂。例如，在该书第 50 页，长泽就用几何符号证明了定理 25 “三角形一边延长线上的外角与相对的两内角和相等，而且三角形内角和为两直角” 这一定理，如图 5 – 7 所示。

这样的证明形式已经和现在我们使用的几何教科书中的模式基本接近。也就是说最晚长泽从 1896 年开始在几何学教科书中已经全部使用几何符号表示证明过程。其实在 1904 年，长泽编撰《新几何学教科书平面》的序言中也提到了用几何符号简化证明过程的夙愿：“证明过程彻头彻尾用文字表述太过愚钝，我数十年来一直坚持用几

① 長澤亀之助. 中学幾何学初步［M］. 東京：数書閣，1893：41 – 43.

何符号简化证明过程这一做法。现在的教科书也基本倾向于使用几何符号，故本书也配以适当符号来简化证明过程。”①可见，长泽在使用几何符号简化证明过程方面的前瞻性和贡献。

定理 25. 三角形ノ一邊ヲ引キ延バストキハ其外角ハ相對セル二内角ノ和ニ等シク而シテ三角形ノ三内角ノ和ハ二直角ニ等シ.

[特述] △ABCノ一邊BCヲDニ引キ延バストキハ,

∠ACD=∠A+∠B,

∠A+∠B+∠ACB=2R.∠.

[證] Cヲ通シテCHヲBAニ平行ニ引クトキハ,

∠HCD=∠B, [定理22]

∠ACH=∠A, [定理22]

∴ ∠ACD=∠A+∠B.

又上ノ二等量ニ何レモ∠ACBヲ加ストキハ,

∠ACD+∠ACB=∠A+∠B+∠ACB,

然ルニ ∠ACD+∠ACB=2R.∠, [定理2]

∴ ∠A+∠B+∠ACB=2R.∠

系 直角三角形ニ於テ二鋭角ノ和ハ一直角ニ等シ.

图5-7　长泽在《中等教育几何学教科书平面之部》中使用符号的证明过程

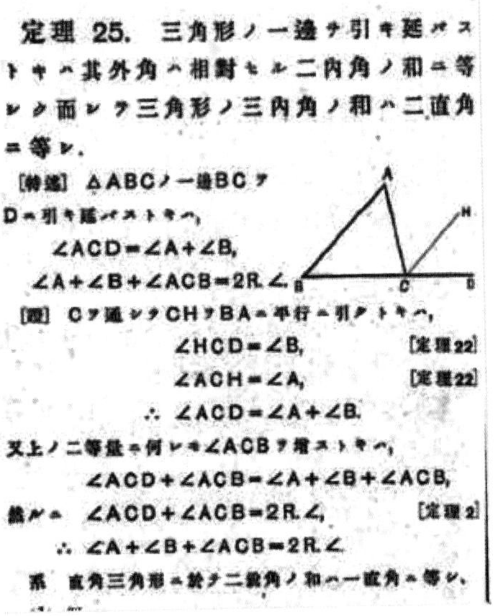

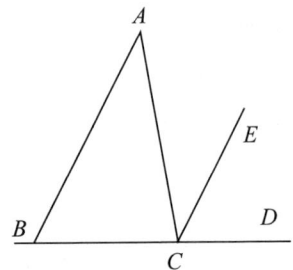

而菊池大麓编撰的几何学教科书则一直坚持使用文字描述证明过程。在1906年日本几何学教科书中的证明过程已经倾向于使用几何符号，但菊池大麓在编撰《几何学小教科书平面几何学》时，仍然还在使用文字表述的证明方法。例如，在该书的第33页至第34页中，菊池大麓的定理13“三角形一边延长线上的外角与相对的两内角和相等，而且三角形内角和为两直角”。和上面提到的长泽《中等教育几何学教科书平面之部》中定理25完全相同，证明方法也大同小异，但证明过程的表述却完全不同（图5-8）。

“定理13. 三角形ノ外角ハ其ノ二ッノ内対角ノ和ニ等シ、且シテ三角形ノ三ッノ内角ハ合セテ二直角ニ等シ.

三角形 *ABC* ノ一辺 *BC* ヲ延長シタリトセヨ：然ルヰハ外角 *ACD* ハ其ノ二ッノ内対角 *CAB*、*ABC* ノ和ニ等シカル可シ：又三ッノ内角 *CAB*、*ABC*、*BCA* ハ合セテ二直角ニ等シカル可シ.

图5-8

① 長澤亀之助. 新幾何学教科書平面［M］. 東京：日本書籍株式会社，1904：8.

　　　　C ヲ過リ直線 CE ヲ BA ニ平行ニ引ケ；然レハ錯角 ACE、CAB ハ相
等シ；

　　　　又同位角 ECD、ABC ハ相等シ；今外角 ACD ハ角 ACE、ECD ノ和
ニ等シ；故ニ角 CAB、ABC ノ和ニ等シ；又双方ヘ角 BCA ヲ加ヘヨ；
然レハ角 CAB、ABC、BCA ノ和ハ ACD ト BCA ノ和ニ等シ；且シテ ACD
ト BCA ノ和ハ二直角ニ等シ；故ニ CAB、ABC、BCA ノ和ハ二直角ニ
等シ."①

　　几何学中定理的证明非常之多，所以证明过程的繁简便显得尤为
重要。长泽的证明过程简单易懂，一目了然，非常方便。而菊池的证
明过程用文字叙述则显得繁冗复杂，层次不清，不便之处甚多。可
见长泽的做法更符合几何学的特点及时代的要求。1910 年之后，使
用菊池大麓几何学教科书的学校开始减少，而使用林鹤一、寺尾寿
等几何学教科书的学校不断增多。② 其原因主要是菊池大麓和藤泽
利喜太郎的数学分科教学思想开始受到质疑，而不得不说几何学教
科书中文字式证明过程已经不符合实际教学和时代潮流也是其重要
推手。

5.3.2　代数几何相结合的"统合教学思想"

　　明治时期有关几何学的教学思想有二：其一为分科教学思想，即
几何学和代数学是完全不同的两门学科，不能用代数学方法来解决几
何问题，主要坚持者有菊池大麓和藤泽利喜太郎。其二为统合教学思
想，即几何学和代数学可以结合教学，可以用代数学方法解决几何问
题。②长泽龟之助就属于后者，当时坚持统合教学思想的还有日本著名
数学家高木贞治和林鹤一。

　　长泽龟之助在他的《新几何学教科书平面》（1904）的序言第 1
条中就明确指出统合几何与其他学科进行教学的思想，"和其他分科

---

　　① 菊池大麓. 幾何学小教科書平面幾何学［M］. 東京：大日本国書株式会社，1906：
33－34.

　　② 田中伸明，上恒渉. 明治後期における中等学校数学教科書の様相［J］. 三重
大学教育学部研究紀要，2015（66）：316.

的联系：传统教科书的数学各科之间缺乏联系，数学科目广泛，中学几何学教科书一定要注意和之前学过的算术及代数学的联系，不能将其分割"①。而且在该书的附录中，长泽还给出了同一问题的几何解法和代数解法，让学生了解在解题过程中，几何与代数是可以互为补充的道理。

《新几何学教科书平面》中的很多问题都用到了代数学的方法，例如，在该书的第118页至第119页的第135题的定理证明中，长泽就完全使用代数学方法证明了几何问题。具体证明过程如下（图5-9）。

"135. 任意三角形的三边为 a、b、c，a 为锐角对应的边，b 为底边，a 和 c 在 b 边上的射影分别为 a_1 和 c_1，高为 h，那么就会有：

① $b^2 = c_1^2 + a_1^2 + 2c_1 a_1$

② $c^2 = c_1^2 + h^2$

③ $a^2 = a_1^2 + h^2$

①+②-③得 $b^2 + c_1^2 - a_1^2 = 2c_1^2 + 2c_1 a_1 = 2bc_1$

∴ $a^2 = b^2 + c^2 - 2bc_1$

图 5-9

于是就有如下定理：任意三角形中，锐角所对边上正方形的面积比其他两边上正方形面积之和小，小的部分的面积是锐角两边上的一边和在他上面另一边的射影所围成矩形面积的 2 倍。"②

除此之外，长泽还在该书的第111页至第112页，用几何学的方法证明了代数学中的许多公式，并指出了几何学定理和代数学定理的一一对应关系（表5-2）。

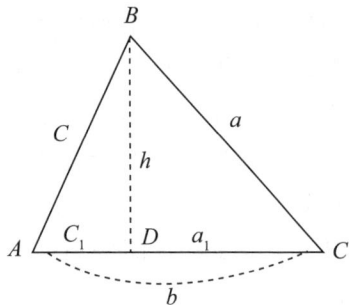

① 長澤龜之助. 新幾何学教科書平面 [M]. 東京：日本書籍株式会社，1904：5.
② 長澤龜之助. 新幾何学教科書平面 [M]. 東京：日本書籍株式会社，1904：118-119.

表 5 - 2　几何学定理和代数学定理的关系①

几何学定理	代数学定理
X、Y···为线段，XY、XZ···分别为 X、Y 和 X、Z···围成的矩形面积，X^2、Y^2···分别为 X、Y···上正方形的面积	a、b···是数，ab、ac···分别为 a、b 和 a、c···的积，a^2、b^2···分别为 a、b···的平方
① $X(Y + Z) = XY + XZ$	① $a(b + c) = ab + ac$
② $(X + Y)^2 = X^2 + Y^2 + 2XY$	② $(a + b)^2 = a^2 + b^2 + 2ab$
③ $X^2 = 4\left(\dfrac{X}{2}\right)^2$	③ $a^2 = 4\left(\dfrac{a}{2}\right)^2$
④ $(X - Y)^2 = X^2 + Y^2 - 2XY$	④ $(a - b)^2 = a^2 + b^2 - 2ab$
⑤ $X^2 - Y^2 = (X + Y)(X - Y)$	⑤ $a^2 - b^2 = (a + b)(a - b)$

　　长泽还通过以下的几何图形证明了其中的第 2 个代数学公式，并将这种证明方法推广开来，把其他公式证明留给学生做课上练习之用（图 5 - 10）。

　　"设 $ABCD$ 是（$X + Y$）边上的正方形，若 $AE = X$，则 $EB = Y$，若 $AG = Y$ 则 $GD = X$，作 EF 平行于 AD，GH 平行于 AB，则有：

$\square\, GF = X^2$，$\square\, GH = Y^2$，

$\square\, GB = XY$，$\square\, FH = XY$，

而　$\square\, ABCD = \square\, GF + \square\, KH + \square\, GE + \square\, FH$，

即 $(X + Y)^2 = X^2 + Y^2 + XY + XY$

$\qquad\qquad = X^2 + Y^2 + 2XY.$"①

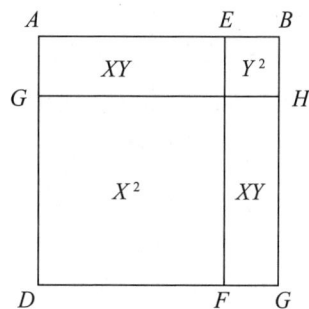

图 5 - 10

　　可见，几何和代数本身就有联系和互通之处，在教学中主观将其割裂开来的"分科主义"不利于学生从整体上把握中等数学教学内

---

　　① 長澤龜之助. 新幾何學教科書平面［M］. 東京：日本書籍株式会社，1904：111 - 112.

容。长泽一直坚持的这种几何和代数相结合的统合教学方法在 1910 左右开始逐渐被人们所接受，倡导统合教学法的几何学教科书在日本各中学的使用数量开始赶超提倡分科教学法的几何学教科书。证明了长泽坚持的统合教学法再一次得到日本数学教育界的认可并逐渐取代了菊池大麓的分科教学法。

5.4　本章小结

长泽龟之助从 1884 年开始将突氏改编的欧几里得《几何原本》前六卷和第十一、第十二卷译为《宥克里》在日本出版，该书虽然没有在日本引起太大反响，但证明了《几何原本》已经不适合教学之用，英国、法国等西方国家已经开始对《几何原本》进行改编使其适应几何学教学。为了进一步寻求更为适合的几何学教材，长泽于 1888 年将柯氏改编的《几何原本》译为《改正增补欧几里得几何学》在日本出版，该书非常成功，通过文部省检定成为中学几何学教科书。为了让日本的几何学教科书有更多选择，1898 年，长泽又翻译了温德华氏的《新撰平面几何学》。面对日本缺乏几何学教学参考书的现状，1904 年，长泽又将法国数学家卡塔兰氏的《几何学定理及问题》翻译出版。这些西方译著从不同侧面补充了日本几何学教育的不足。

但毕竟译书不可能完全适合日本本土的几何学教学。所以从 1893 年起，长泽开始自己编撰日本中学教育几何学教科书。长泽编撰的普通中等教育几何学教科书主要有《中等教育几何学阶梯》《中等教育几何学教科书平面之部》《中等教育几何学教科书立体之部》3 种，后来这套教科书在使用的基础上，根据各学校教员的建议，几经改版，一直到 1926 年还在使用。除了普通中学教科书之外，长泽还根据当时几何学教学的需要，编撰了女子教育和实业教育的几何学教科书。

这些教科书在日本的不断再版，经久不衰的原因有二：其一得益于长泽根据不同学校教员的建议不断进行改进、完善；其二是长泽的几何学教科书紧跟几何学发展的步伐，有其独特之处。其独特之处主要表现在教科书的编撰理念和编撰方法上，当时在日本使用数量最多的几何学教科书要数菊池大麓编撰的《几何学小教科书平面几何学》，但是该书在编撰方面强调"分科教学"的理念，即不能用代数学的方法解决几何学问题，不赞同代数和几何混合教学。另外在证明过程中强调使用完全文字描述的证明方法，不赞成使用几何符号。而长泽编撰的教科书正好相反，在书中强调注意各学科之间的联系与衔接，在证明过程中也尽量使用几何符号来简化证明过程。这一理念得到了当时许多数学家和学校的认可，并一直沿用，代表了现代几何学发展的方向。

可见，长泽由翻译到编撰，再到编译结合、相互促进的教科书编撰历程中，时刻关注西方几何学的发展动向和本国几何学教学状况，并把先进的西方教学理念引入日本，推动日本几何学教学方法的改进和教科书的不断完善。

第6章 长泽龟之助编撰数学教材的特点

6.1 门类科目齐全

6.1.1 算术、代数、几何、三角教材成套

长泽编撰的教科书大部分都是中等数学教育教科书，按照明治时期各教授要目的规定，当时的中等数学教育主要教授科目为算术、代数学、几何、三角法。限于数学知识与编书理念的不同，并不是当时所有数学家都能编撰出全套中等数学教科书。官派数学家菊池大麓就未曾编纂过算数和代数学的教科书，理学博士、帝国大学教授藤泽利喜太郎也没有编撰过几何学和三角法的教科书。而长泽编撰的教科书中有很多都是算术、代数学、几何学、三角法成套出版。

据笔者调查，长泽编撰的第一本教科书应该是《算术中等教科书理论及应用》（1888）。因为当时日本还没有完备的数学教授方法，高等数学自不必说，就连中等数学的算数教科书也只是不讲数学理论的例题集。要想学会算术就要多做题的理念占据了算数教育的大部分时间，而一味做题根本不会让学生理解数理之妙，还会使学生逐渐丧失学习数学的兴趣。[①]所以，长泽才着手编撰这本算术教科书。该书名

---

① 長澤龜之助. 算術中等教科書理論及応用 [M]. 東京：数書閣，1888：Ⅴ－Ⅵ.

中特别加入"理论及应用"也许就是为了一改之前"例题集"教科书的弊端。果不出长泽所料，该书在日本大受欢迎，不断再版，到1899 年已经再版到 14 版。

随着长泽编撰教科书的不断再版，他的数学阅历和编撰经验也不断增长。这得益于他在教科书出版之后，不断向使用该教科书的教员咨询教科书的使用情况和优缺点。所以在 1893 年编撰《中学算术教科书》时，长泽参照各教员的建议并结合自己的编撰经验认为教科书应该成套出版。其在《中学算术教科书》序言中的第一条"中学数学教科书编撰来历"中指出：

"我从数年前开始编撰或译述中等程度数学教科书，而且很多教科书已被用于实践教学多年。在编译各科教科书过程中，我积累了丰富的经验，与此同时，教师诸君也给我提出了许多批评和建议，我对此表示非常感谢。其中的一个建议就是希望我能够编撰贯通中等数学教育算术、代数学、几何学、三角法的全套教科书……"①

其实长泽在编译书的过程中早已发现了这个问题，由于中学所用教科书为不同编者所编，所以在前后衔接上存在问题。"用甲著算术，乙编代数学，丙译几何学，甲乙丙译语完全不同。例如，同一术语算术中用"因子"，而代数学中则用"乘子""因数"。而且不同编者的教科书前后引用时不能同步，且内容重复太多，例如，甲著算数中有米突法（Meter），乙编几何学初步中也有同样内容，增加了教科书页数和成本。"②而如果一个人编撰全套中学教科书的话，会注意前后内容的衔接，避免上述问题的出现。所以长泽开始着手编撰中等数学全套科目教科书。而且这种编撰中学全套教科书的做法还推广到了编撰其他教学参考书和习题集中，这也是长泽编撰教科书的一大特点。据笔者整理长泽编撰的中等教育成套教材主要有 5 种，如表 6 - 1 所示。

---

① 　長澤龜之助. 中学算術教科書（上）[M]. 東京：数書閣，1893：4.
② 　長澤龜之助. 中学算術教科書（上）[M]. 東京：数書閣，1893：5 - 6.

表6-1 长泽编撰的整套中等数学教材一览

序	算术	代数学	几何学	三角法
1	新算术教科书	新代数学教科书	新几何学教科书	新三角法教科书
2		代数学精义	几何学精义	三角法精义
3	试验问题讲义算术之部	试验问题讲义代数学之部	试验问题讲义几何学之部	试验问题讲义三角法之部
4	问题组织补习新算术	问题组织补习新代数学	问题组织补习新几何学	问题组织补习新三角法
5		研究的代数学受验考试自习之友	研究的平面几何学受验考试自习之友	研究的立体几何学平面三角法受验考试自习之友

像上面提到的《新算术教科书》《新代数学教科书》《新几何学教科书》《新三角法教科书》这套教科书的编撰就避免了上述问题，给教师教学和学生学习带来方便。在这套教科书不断再版的推动下，长泽还针对这套教科书编撰了习题集供学生使用，是为《问题组织补习新算术》《问题组织补习新代数学》《问题组织补习新几何学》《问题组织补习新三角法》。这些习题集的编撰大大地丰富了练习题的类型，为学生复习和参加升学考试提供了参考。

6.1.2 兼顾女子教育与实业教育教科书

长泽不仅编写了成套的中等数学教育教科书，还为中等女子教育和实业教育编撰了成套教科书。明治时期日本的女子教育和实业教育是随着日本教育制度的逐渐完善而产生的，其教学科目和教学要求和普通中等教育完全不同，所以有必要为之编撰专门的教科书。

1899年，日本文部省制定了实业学校令和高等女学校令，从制度上肯定了女子教育和实业教育的地位，从此之后女子教育和实业教育开始在日本逐渐发展起来。随着各地女子学校的增设和师范学校女子部的扩大，适合于女子教育的各科教科书也陆续出版。但是唯独缺乏适合女子教育的数学教科书，长泽认为不仅男子应该学习算术，女子也应该具备相当的算术知识。①所以长泽在 1902 年编撰了他的第一本女子教科书《女子教育算术教科书》。之后在 1910 年又分别编写了适合女子教育的《女子教育几何学新教科书》和《女子教育代数学新教科书》。这样长泽就完成了中等女子数学教育的成套教科书。

1908 年，长泽开始注意到当时各实业学校数学教科书的缺点有三。第一，所需教授时数超过规定时数；第二，在规定时数内所教授的内容程度太低；第三，缺乏趣味性和实用性。所以长泽从 1908 年编写了一套实业教育数学教科书，包括《实业教育算数教科书》《实业教育代数学教科书》《实业教育几何学教科书》《实业教育三角法教科书》。

这套教科书在日本各实业学校经过 4 年的使用，1912 年，各实业学校的教员给长泽提出了很多改进建议。长泽认真研究了这些建议，并根据建议进行改版。当时教员对《实业教育代数学教科书》和《实业教育三角法教科书》的内容和编排体例比较满意，所以在改版之际对其中的内容没有调整。但根据教员的建议对《实业教育算术教科书》和《实业教育几何学教科书》的内容进行了调整。因为很多教员认为四则运算是算术的基础，只有充分掌握了四则运算才能为以后的学习算术打下基础。所以长泽补充了四则运算的内容，并增加了运算习题，同时将命数法、记数法、加减乘除放入绪论中，教员可以根据自己的授课时间灵活使用。而几何教科书则增加了立体几何的内容。与此同时，由于没有实业教育的专门教科书之前，很多学校按照普通中学教科书进行教学，所以觉得这套实业教科书教授内容不足。所以长泽在整套书的后面增加了补习问题，供那些课时多而教学内容相对短缺的学校灵活使用。

1916 年，该书已经被日本全国府县公私立农业学校、商业学校、商船学校、工业学校等多数实业学校使用，但仍有教授上的不便之处若干，所以长泽再次听取各学校教员的实践教授建议，进行改版，同时将教科书重新命名为《实业新算术教科书》《实业新代数学教科

---

① 長澤亀之助. 女子教育算術教科書 [M]. 大阪：集成堂，1902：3.

书》《实业新几何学教科书》和《实业新三角法教科书》。本次改版
还在每册书中另付"教授资料"一部，其中附有该书的编撰建议和教
授用参考资料及补充习题。[①]

可见，长泽在女子教育和实业教育的数学教科书编撰方面也非常
成功，特别是实业教育的数学教科书几经改版，被当时大多数实业学
校所使用。一方面，说明了长泽非常关注中等教育中的女子和实业教
育的教学实际；另一方面，长泽能编撰出如此受欢迎的教科书，也是
他虚心学习，经常和一线教员交流经验的结果。

6.1.3　同一科目系列教材的编撰

长泽在编撰不同科目成套教科书的同时，针对同一科目开设时间
较长的状况，会根据教授要目的要求，分别编撰不同年级使用的系列
教材。这样的系列教材因为是同一人所编，所以在知识的系统性方面
处理出色，有利于学生在学习同一科目时的知识衔接。例如，1898 年
左右，普通中学学制 5 年，其中几何学开设为二、三、四、五年级，
二年级开设"几何学初步"而三、四、五年级分别开始平面几何学和
立体几何学。长泽针对当时的教授要目分别编撰了几何学初步教科书
《中等教学几何学阶梯》和初等几何学教科书《几何学教科书中等教
育平面》和《几何学教科书中等教育立体》3 本中学几何学教科书，
这 3 本教科书中，《中等教学几何学阶梯》适合二年级的"几何学
初步"，而《几何学教科书中等教育平面》正好适合三、四年级教
授的内容，五年级教授《几何学教科书中等教育立体》。这种同一
编者的系列教材不仅思路清晰，而且在体例、内容编排方面联系紧
密，前后一致，有助于教学的方面和学生对中学几何学的系统
把握。

长泽编撰教科书的涉猎面非常广，不仅编撰普通中等教育、女子
教育、实业教育的数学教科书，还编撰了许多教学参考书。可以说几
乎所有的中学数学科目都有长泽为之编撰的专属教科书。例如，"几

---

① 　長澤龜之助. 実業新代数学教科書［M］. 東京：宝文館，1916：1 - 2.

何学初步"这门课程主要是为三年级开设初等几何学做准备而设，虽
然文部省的教授要目里有这门课程，但又在备注里指出"几何学初步
也可省掉，用这一时间来教授算术"。①可见，在当时"几何学初步"
是一门课可有可无的课程。果不出所料，1902 年这门课程被取消。②
就连这样的课程，长泽还为之编撰了《中等几何学初步教科书》和
《中等教育几何学阶梯》两本教科书，足见长泽教科书在当时的辐
射力。

6.2　编译结合，不断完善

　　长泽能够编撰出数量如此之大、如此受欢迎的教科书，完全得益
于他早期大量翻译西方数学著作并根据实际教学不断充实完善的编译
经验。他的许多教科书都是以翻译和阅读的西方数学书为模板编撰而
成的。例如，他在 1888 年编撰第一本教科书《算术中等教科书理论
及应用》时，就曾主要参照了英国数学家 J. B. Lock 的 *Arithmetic for
Schools*（1887）和 J. Brook‐Smith 的 *Arithmetic in Theory and Practice*
（1886）及美国数学家 G. A. Wentworth 的 *Practical Arithmetic for High
Schools and Academics* 3 本书，同时参考了法国数学书及库氏代数学及
戴维斯辞典并结合自己数十年的经验组织章节框架和内容。③ 另外在
第五章中也提到了长泽在编撰《中等教育几何学教科书平面之部》和
《中等教育几何学教科书平面之部》时也曾参考了许多英、美、法、
德等国数学家的著作。可见，长泽翻译为日文的数学著作是他认为有
助于日本数学教学之书，而他的阅读量要远大于他翻译的教科书。他
还大量阅读英、美、法、德等国的数学书教科书。

　　所以长泽是在大量阅读当时西方的数学著作，然后从中挑选适合
日本教学之书进行翻译。完全翻译的教科书总有不适合日本教育的地

---

　　①　文部省高等学务局. 尋常中学校教科细目调查报告［M］. 1898：72.

　　②　正田良. 明治四十年頃の幾何教科書とその証明範例［J］. 青山学院大学教育学会
紀要（教育研究），2004（48）：97.

　　③　長澤亀之助. 算術中等教科書理論及应用［M］. 東京：数書閣，1888：Ⅸ‐Ⅹ.

方，所以长泽就开始在译著的基础上进行补充与完善，进而进行编撰教科书的工作。第四章中提到长泽翻译的史密斯代数学在日本的不断补充就是长泽对西方教科书不适合日本教学而进行的改进。而且，长泽在开始自己编撰教科书后，并没有放弃进一步阅读西方数学教科书的习惯。而是在不断的阅读中寻找更加有利于日本数学教学的好书。所以他在 1904 年认为卡塔兰氏的《几何学定理及问题》非常适合作为日本几何学教学参考之用，就将其在日本翻译出版。

另外，长泽在翻译完某本教科书后，还会一直关注该书在西方的再版与改进情况并及时按照最新版本完善其日文译本。长泽译史密斯的《初等代数学》和《大代数学》在英国不断再版更新，长泽就按照新版不断再版日文译本。与此同时，长泽还结合日本教学实际，对西方译本进行增译与补译以满足日本数学教学。例如，长泽在 1883 年将突氏的《平面三角法》翻译为日文，之后在 1894 年和 1928 年 2 次再版，2 次再版时，结合教学实践的要求增补了许多章节和练习题。1888 年，长泽还翻译了柯氏的《平面三角法》第 1 版，之后由于原书改版，长泽又分别于 1890 年和 1893 年翻译了该书的第 2 版和第 3 版以供日本三角法教学之用。

可见，长泽主要通过西方原书的改版和日本教学实况来不断改进完善译著的内容。但对于编撰的教科书，则主要是通过各中学使用该教科书的教员建议进行改进，就像在上一小节提到的实业教科书不断改版一样，长泽的很多教科书在再版序言中都提到了"按照某中学教员的建议"进行改版的字样。其中有调整结构、补充内容、增加习题等不同的改进方法。这些改进都是基于一线教员的使用经验，所以他的教科书在改版之后，更加适合日本当时的教学实践，这也是他的教科书在日本不断再版使用的原因所在。

所以，编译结合、不断改进的编撰方法不仅将西方最新的教学成果引进日本，还将日本鲜活的教学实践搬进了教科书，又通过教科书的改进反作用于日本教学实践，推动了教学活动的开展。

6.3　参考书与习题集等教辅书籍配套

　　长泽在编撰各科数学教科书的同时，还注意数学参考书和习题集的编撰工作。因为在 20 世纪初，日本的各种教科书已经逐渐走向完善。但是可供教学用的参考书却寥寥无几，所以 1904 年长泽翻译了法国数学家卡塔兰氏的《几何学定理及问题》，该书的出版受到了数学教育界的广泛欢迎与关注。于是，长泽开始考虑出版供教学之用的整套数学参考书。在广泛收集资料的基础上，1907 年，长泽以法国数学家哥拍脱氏①的数学书为蓝本编成了《代数学精义》《几何学精义》和《三角法精义》一套数学参考书。

　　其中《代数学精义》是以哥拍脱氏 1893 年出版的《小代数学》（第 4 版）、方程式理论及法国大学及其他学校的考试问题为参考编译而成。②《几何学精义》则参考了哥拍脱氏 1893 年出版的《几何学》第 4 版及法国大学及其他学校的考试问题和初等几何学的内容进行编译。②《三角法精义》同样参照哥拍脱氏 1892 年出版的《三角法》和法国大学及其他学校的考试问题编译而成。② 3 本书中还附了日本 20 次中等教员检定考试题及解法。可见，该书不仅为教师教学和学生学习提供参考，还为没有通过中等教员检定考试的教员提供了方便。

　　这套参考书包括教科书中的全部内容且高于教科书，除了作教学参考之用还可以作为中学教员的学习之用。除了这样的参考书之外，长泽还为他编撰的新算术、代数学、几何、三角法教科书编撰了教师用书。其中详细介绍了这套教科书的特点和各章节的教授方法，并在后面附课后习题的答案供教师参考，可见长泽对于日本数学教学的用心之处。

　　教科书和参考书的关系就像余恒在《三角法精义》序言中提到的那样，"教科书之于参考书，其犹辅车之相依乎，譬之汽机。教科书

---

　　①　哥拍脱应该是 19 世纪的法国数学家，由于缺乏资料，笔者没有查明此人的原名和生卒年。哥拍脱为成都通省师范学堂的林启一所译，长泽将其译为"コンベット"。

　　②　長澤亀之助. 代数学精义 [M]. 東京：成美堂，1907：3.

者，其机械也，参考书这，其煤料也。机械无煤料之助力，则不能运行。教科书无参考之助力，则不能致用。"① 可是光有好的教科书和参考书，没有可供学生练习的大量习题，也很难学好数学。所以长泽在编译教科书和参考书的同时，也编撰了很多习题集供学生练习之用。长泽编撰的成套习题集有《问题组织补习》系列的新算术、新代数学、新几何学、新三角法，《试验问题讲义》系列的算术之部、代数学之部、几何之部、三角法之部，还有《受验参考自修之友》系列的各科习题集。

总之，教科书、教学参考书和习题集都是数学教育中缺一不可的组成要素。长泽对这些要素深有感触，于是自己花费了毕生的精力从事教材的编撰工作。同时作为数学学习和教学辅助之用他还编撰了各科数学字典，这些字典使各科数学知识更加系统化、体系化，方便了数学学习与研究。长泽的很多教科书和字典还被翻译为中文在中国广为流传，对中国的数学教育影响深远。

6.4 将数学史知识融入教学

长泽除了编译数学教科书之外，对世界各国数学家和数学史也有过一定研究。1892 年，长泽就曾为英国著名物理学家牛顿作传，名为《牛董氏の伝》。在该书序言中，长泽表达了进行科学史研究的必要性：

"世间传颂古今人物事迹功绩之书，并不贫乏，曰英雄，曰政治家，曰法律家，曰高僧，曰富豪，曰文人，曰诗人。其事迹曰战争，曰政治，曰法律，曰宗教，曰经济，曰文学，曰诗歌。但传颂数学、物理等学术研究的伟人豪杰、功绩殊勋者几乎没有。呜呼，世间之人为何厚英雄、政治家、法律家、高僧、富豪、文人、诗人，而薄学术家。呜呼，世间传记为何独精于战争、政治、法律、宗教、经济、文学、诗歌，而粗于学术。我邦自古以来理学思想缺乏，都学术之书者

---

① 長澤龜之助. 三角法精义 [M]. 東京：成美堂，1907：1－2.

甚少，更不用说著者。而泰西诸邦，国富兵强，文物璀璨，研究学术是其要因。然我邦今日之急务便在于此。牛董乃稀世之才，在数学物理方面功勋卓著，其功绩非本小册子能够尽述，此书只是将牛董发现真理的梗概述于通晓一般数理之人士，其后，有人旁征博引详述其史者，世人莫笑余辈浅学"①

由此序可知，长泽希望有人对西方数学、物理等科学家进行研究，以补日本学术不及西方之缺点，故而作牛顿小传，希望稍懂学理之人都应该知道牛顿发现真理的历史。在此之后，长泽整理了许多西方数学家的画像，整理出版了《泰西数学家画传》一书，书中收集了欧几里得、牛顿、伽利略等著名西方数学家 66 位的画像，并附有简短介绍。

长泽将数学研究内容引入教学其实要早于他编译《牛董氏の伝》。早在 1887 年，长泽翻译史密斯的《初等代数学》时，就在附录中加入了"代数学的历史"一章。其中开头介绍到："代数学与我邦点窜术，支那天元术，其理相同。但其理论精妙，使用广泛，点窜术、天元术未能企及也。代数学在文明世界作为教学科目被广泛教授，我国也开始学习代数学，数学是诸般学术的基础，而代数则是数学的基础……"②其中还详述了"代数学"一词的起源、代数学在欧洲各国的传播情况及其对代数学做出重大贡献的西方数家。

长泽将代数学的历史当作附录放在教科书后就是为了让学生了解代数学的历史，增加学习的兴趣。其后在 1911 年，长泽在改版的《新几何学教科书平面》中对于其中的数学知识就加入了"历史注释"。并在序言的第 7 条中指出："历史注释对学生学习有益，可以激发学生学习的兴趣。"③

例如，该书 31 页中的定理"三角形的各内角和等于两直角"就在页下给出了注释"此定理由毕达哥拉斯（Pythagoras，生于公元前

---

① 長澤亀之助. 牛董氏の伝［M］. 東京：数書閣，1892：Ⅰ-Ⅲ.
② 史密斯. 初等代数学［M］. 長澤亀之助，訳. 東京：秀英舍，1888：455.
③ 長澤亀之助. 新幾何学教科書平面［M］. 東京：国定教科書共同販売所，1911：3.

580 年，卒于 501 年）首次证明。"①

而且在该书 58 页中给出了三角形"重心""外心""垂心"的定理：

"8. 三角形的三条中线交于同一点，此点位于各角顶点中线的三分之二处，是为重心。9. 三角形各边的垂直二等分线交于同一点，此点据个角顶点距离相等，是为外心。10. 三角形各角顶点引对边的垂线必交于一点，是为三角形的垂心。"②

并在页下对这三定理作注："此定理为希腊数学家阿基米德（Archimedes，生于西历公元前 287 年，死于 212 年）所发现，而该定理的证明则是由近世大数学家高斯（Gauss，生于西历 1777 年，死于 1855 年）所作。"②

可见，学生不仅可以学习几何学的定理，还可以通过注释了解几何学定理的历史，增加学生学习的兴趣。与此同时，《新几何学教科书平面》在 1914 年改版之后，不仅在书中页下给出了历史注释，还给出了许多数学家的画像并进行简单介绍，以增加教学的直观性与趣味性。例如，在该书的第 62 页就给出了数学家高斯的画像和小传（图 6 – 1）。

图 6 – 1　长泽《新几何学教科书平面》（1911）中的高斯画像与小传

---

① 長澤亀之助. 新幾何学教科書平面［M］. 東京：国定教科書共同販売所，1911：31.

② 長澤亀之助. 新幾何学教科書平面［M］. 東京：国定教科書共同販売所，1911：58.

同样，在 1916 年编撰的《实业行代数学教科书》和《实业新几何学教科书》中也插入了许多数学家的历史注释与画像并进行介绍。在 1904 年翻译卡塔兰氏的《几何学问题及定理》时，还专门请求小野滕太寄来卡塔兰氏的画像和资料，将画像附于首页，同时编成卡塔兰氏小传附于序后。有时为了解一个数学家的历史，长泽不得不参考西方各国有关数学史的相关书籍进行查找。可见长泽不仅注重数学史研究，还将数学史的知识应用于教学中，使学生在学习数学知识的同时了解数学史与数学文化，增加了趣味性（图 6 - 2）。

図 6 - 2　《新几何学教科书平面》（1926）中的欧几里得（1860—1927）画像

6.5　本章小结

长泽在不断翻译与编撰教科书的过程中注意到，不同学者编撰的教科书前后衔接不同，而且书中术语、内容有异，故而从 1893 年开始注意编撰算术、代数学、几何学、三角法全科目中等数学教科书，同时在习题和参考书的配备上也尽量紧跟教科书，给教师教学和学生学习提供方便。成套教科书的编撰克服了不同著者单科教科书的缺点，使数学知识更加系统化、体系化，同时加强了数学各科的联系，为之后长泽倡导的"各科统合教学"思想奠定了基础。针对同一科目教授时间较长的特征，长泽还编撰了许多同一科目不同时段教授的系列教科书供学生使用。

随着日本教学制度的不断完善，女子教育和实业教育的不断发展，适合女子和实业教育的专门教科书的编撰工作也便提上了日程，长泽有针对性地编撰了中等教育女子和实业教科书，并根据教学的需要不断进行改版。长泽总是在听取各学校教员的实践教授感受与建议的基础上，结合西方教科书的发展趋势与特点进行改进，有时候为了寻求合适的教科书，他还结合英国、美国、法国、德国不同国家不同数学家的教科书编撰方法来完善日本的教科书，所以编译结合、不断改进是他编撰教科书的另一特点。

随着日本教科书的不断成熟与完善，长泽开始注意到日本缺乏可供教学参考之用的参考书，于是他开始琢磨引进西方书籍。在再三斟酌的基础上首先将眼光投向法国，不仅翻译了法国数学家卡塔兰氏的《几何学定理及问题》，还依照法国数学家哿拍脱氏的数学书结合日本数学的教授情况编成了《代数学精义》《几何学精义》《三角法精义》成套教学参考书。中国数学家对这套书评价甚高，还亲自为其作序。同时对于他编撰的教科书还配以教师用书，其中详细讲述了教科书的特点和如何教授书中各章节的内容及习题参考答案，为教师教学提供了便利。而大量习题集和科目齐全的字典为教师教学和学生复习提供了更多选择。

长泽还非常注重数学史研究工作，他认为在数学教学中引入数学史的内容有助于增加学生学习的兴趣。于是广泛查找西方数学史著作编成《泰西数学家画像》，并在数学教学中需要的地方作注，让学生了解数学内容的历史性，增加教学的趣味性。

第7章 长泽龟之助对中国数学教育的影响

7.1 长泽龟之助与中国数学家的交流

长泽除了和日本的数学家、学者、教员合作编译教科书之外，还和中国的数学家、学者有过交流，晚清的周达、崔朝庆、余恒等数学家都曾和长泽有过数学交流。周达在 1902 年受扬州知新算社委托去日本调查算学，限于时日，"所与深谈者，仅上野清、长泽龟之助二君。二君者，彼邦畴人中之泰斗。译书等身。彼邦算学界中，著述之富，舍二君外，殆无第三人矣。余与二君交，不足十日，而倾盖如故，若夙契然，终日谈算，娓娓不倦。"[①] 此次访学日本虽然和长泽属初次见面，但周达认为他与长泽如"电气之契合，盖仅见者，相见甫数日，然十年之谊，亦无以异矣。每当夕阳欲坠，松风怒号，午月当空，竹阴掩映，两人促膝对踞小楼上，赏奇析疑，雄谈浅酌，几不知身在异国。"[②]

从此之后，长泽便和周达结下了深厚的友谊，互相通过书信往来探讨数学问题。长泽在 1904 年编译出版《几何学定理及问题》时，周达曾为其作序。而 1906 年周达翻译出版长泽的《新几何学教科书

---

① 周达. 日本调查算学记 [M]. 上海：中西书局，1903：33 - 34.
② 周达. 日本调查算学记 [M]. 上海：中西书局，1903：43.

平面》时，长泽为该书作序表达了希望能为中国教育服务的愿望。除了周达之外，长泽还和江苏南通著名数学家崔朝庆交往甚密，他在1905 年出版《解法适用数学辞书》时，崔朝庆曾为该书作序：

"日本算书，多于吾国数十倍，其中以长泽先生编译者为最多，近数年来输入吾国之书，足以汗牛充栋，故习算之士，无不知有长泽先生者。朝庆自庚子出都，就馆金陵，往往系邮便订购日籍，得算书百有余种，讲授之暇，尝搜辑各书中之表为算表合璧一编。其米突法度量衡表即撰择先生所著之算术教科书也。客冬有友人东渡，嘱持一帙以诣先生，因而就正，猥蒙许可，自此函犊往来，常获教益。"①

可见，崔朝庆在教授数学课程时，就经常从日本邮购数学书籍作为参考，他于 1902 年编著的《算表合璧》是中国近代第一部学堂所用的综合科学用表。②其中的《米突法度量衡表》就是选自长泽的《算术教科书》。从此之后两人经常书信往来，获益匪浅。崔朝庆在1912 年创办的《数学杂志》是中国近代最早的数学杂志之一，创办之初面临资金不足的问题，长泽曾慷慨解囊，为其赞助。③

另外，长泽在 1907 年编撰《代数学精义》《三角法精义》和《几何学精义》时就分别由晚清成都通省师范学堂的林启一、两江师范学堂的余恒和包荣爵为其作序。这些中国数学家和学者在序中都高度评价了长泽在数学书翻译与编撰方面的成就，其中包荣爵在《几何学精义》的序中高度评价了长泽在几何学方面的贡献，将其誉为"今之欧几里得也"。而林启一在《代数学精义》序中指出：

"利玛窦东来，为我邦西算萌芽时代。咸同之间，李华诸氏又相继译述代微积诸书，以饷遗学子。厥后虽译著间出，率浅陋不足供钻研。不佞生平，颇嗜数理，知墨守十七世纪旧籍以自豪者，终类楚人之宝燕石。于是遂起游学泰东西之志。东瀛三岛与我邦仅一衣带水之距离。不

① 長澤亀之助. 解法適用数学辞書［M］. 東京：郁文社，1905：序.
② 陈克胜，郭世荣. 中国第一部近代学堂所用的综合科学用表：《算表合璧》［J］. 中国科技史杂志，2012，33（1）：11－21.
③ 代钦. 数学教育与数学文化［M］. 呼和浩特：内蒙古教育出版社，2013：233－234.

佞乃先负笈其间，广购高深学之书目，攻究世界最新发明之学。而所购置，以长泽氏译著为最多。攻究之新理，又强半为氏译著中多包孕。不佞因是知现今东亚数学家之巨擘。"①

因为林启一认为"长泽氏译著为最多。攻究之新理，又强半为长泽氏译著中所包孕"，"乃出拙译斯氏解析几何学就正于长泽君，并咨访以教科书编撰法。君一见不佞，如旧好，竟日论述，无倦容，不佞受攻错益颇多，欲出所论述者，以编撰数学各科，贡我同志。"①

可见，林启一留学日本的目的是学习西方最新之数学知识，为中国教学之用。而在当时日本翻译西方译著最多的就是长泽，所以他才赠书与长泽，向长泽咨询教科书编撰之法。长泽热情接待了林启一，两人整日讨论数学问题，林启一受益颇多，而且长泽还承诺为中国编撰数学各科教科书。其实后来，长泽编撰的很多教科书都被他的中国好友周达、余恒、张其详等翻译为中文出版，长泽还亲自为自己的汉译教科书作序。这些教科书在中国的出版发行对晚清民初的数学教育做出了重要贡献。②

中国数学家周达、林启一都曾为寻求本国数学的发展之路专门赴日本学习数学，而且都和长泽有过亲密交谈。长泽还于 1905 年亲自来到中国和中国数学家进行交流。1905 年长泽将新编撰完成的《新代数学教科书》书稿交由出版社之后，自己便踏上了"清国漫游之途"，当时该书的出版事宜全部交给了秀英社处理，而其中有关问题的校正、校算除了自己之外还委托给了田渊一郎和真边仙一。③ 那么长泽如此着急来中国到底所为何事，由于缺乏直接的史料支撑，笔者也不敢妄下结论，但是在 1907 年长泽出版《三角法精义》时，两江师范学堂的余恒曾为其作序，在该序中提到了此事。其序言如图 7－1 所示。

① 長澤亀之助. 代数学精义［M］. 東京：成美堂，1907：1.
② 代钦. 数学教育与数学文化.［M］. 内蒙古：内蒙古教育出版社，2013：232－233.
③ 長澤亀之助. 新代数学教科書［M］. 東京：日本書籍株式会社，1905：6.

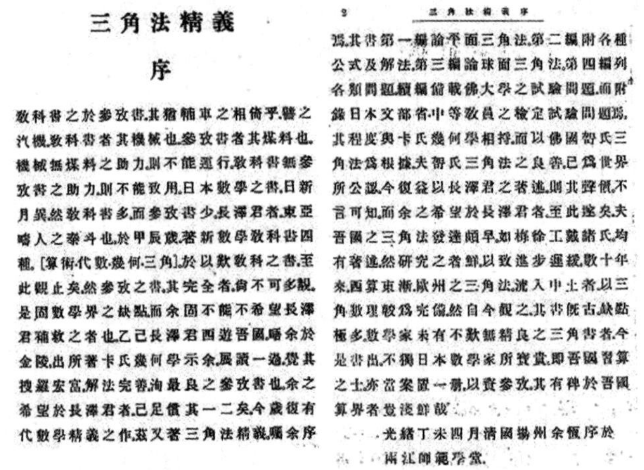

三角法精義

序

敎科書之於參考書。其猶輔車之相倚乎。譬之汽機。敎科書者其機械也。參考書者其煤料也。機械無煤料之助力。則不能運行。敎科書無參考書之助力。則不能致用。日本數學之書。日新月異。然敎科書多。而參考書少。長澤君者。東亞疇人之泰斗也。於甲辰歲。著新數學敎科書四種。[算術·代數·幾何·三角]於以歎敎科之書。至此觀止矣。然參考之書。其完全者。尚不可多觀。是固數學界之缺點。而余固不能不希望長澤君補救之者也。乙巳長澤君西遊吾國。晤余於金陵。出所著卡氏幾何學示余。展讀一過。覺其搜羅宏富。解法完善。洵最良之參考書也。余之希望於長澤君者。已足償其一二矣。今歲復有代數學精義之作。茲又著三角法精義。囑余序

2　三角法精義序

焉。其書第一編論平面三角法。第二編附各種公式及解法。第三編論球面三角法。第四編列各類問題。續編備載佛大學之試驗問題。而附錄日本文部省中等敎員之檢定試驗問題焉。其程度與卡氏幾何學相埒。而以佛國智氏三角法爲根據。夫智氏三角法之良善。已爲世界所公認。今復益以長澤君之著述。則其聲價不言可知。而余之希望於長澤君者。至此遂矣。夫吾國之三角法發達頗早。如梅徐工戴諸氏。均有著述。然研究之者鮮。以致進步遲緩。數十年來。西算東漸。歐州之三角法。流入中土者。以三角數理較爲完備。然自今觀之。其書既古。缺點極多。數學家未有不歎無精良之三角書者。今是書出。不獨日本數學家所寶貴。即吾國習算之士。亦當案置一冊。以資參攷。其有裨於吾國算界者。豈淺鮮哉。

光緒丁未四月淸國揚州余恆序於南江師範學堂。

图 7-1　1907 年长泽编撰《三角法精义》序

由该序可知余恒之前就读过长泽编撰的新数学教科书 4 种，其中有算数、代数、几何、三角。

然而“余以叹教科之书，至此观止矣，然参考之书，其完全者，尚不可多观。是故数学界之缺点，而余故不能不希望长泽君补救之者也。乙巳长泽君西游吾国，晤余于金陵，出所著卡氏几何学视余。展读一过，觉其搜罗宏富，解法完善，洵最良之参考书也。”①

由此可知，余恒认为长泽编撰的数学教科书已经非常完备，只缺数学参考书，希望长泽能够补其空缺，所以长泽才于 1904 年翻译出版了《卡塔兰氏几何学定理及问题》一书。而“乙巳长泽君西游吾国，晤余于金陵，出所著卡氏几何学视余”。乙巳年就是 1905 年，而长泽给余恒的卡氏几何学应该就是他刚刚出版的《卡塔兰氏几何学定理及问题》。而当时东亚数学界缺乏参考书之现状不仅余恒注意到此事，长泽也深有同感，在《卡塔兰氏几何学定理及问题》的自序中，长泽就写道：“虽然近年我国有多种数学著作刊行，但是值得学者参考之几何学著作几乎没有，偶有一两本译书也都是偏重作图题或止于近世几何学，没有越出初等几何学之范畴，目前还没有系统介绍平面和立体几何的优良参考书

① 長澤亀之助. 三角法精义［M］. 東京：成美堂，1907：1－2.

供学者使用。"①

所以长泽此次西游清国的目的之一也许有将自己新出之参考书《卡塔兰氏几何学定理及问题》视于中国学者余恒，了却余恒"参考书是数学界之缺点，而余故不能不希望长泽君补救之者也"② 的心愿，希望该书在中国推广，对中国数学教育有益。

除此之外，1906 年长泽的《问题解法几何学词典》出版之际，薛光锜曾为该书作序如下："凡学问至大备则复杂，而后辞书出。理法等科均有辞书矣，黟算独无，讵非遗憾欤。日本长泽君为当今算界泰斗，与吾为诤友。其所撰述，自算术至微积分学，既充斥东亚矣，兹以算之部分既广，未有辞书以导线，恐临岐与嗟者多也……"③ 可见，薛光锜和长泽为挚友，他非常佩服长泽的数学才能而且对长泽的字典给予了很高的评价。

总是，长泽和晚清的数学巨匠周达、崔朝庆、薛光锜、包荣爵、林启一等都有过数学交流，他的许多日文数学书都由这些数学家作序，而这些中国数学家也是长泽数学教科书和字典在中国传播的有力推动者，其中周达、崔朝庆、包荣爵还将长泽的许多数学教科书翻译为汉语在中国使用。他们彼此交流，相互借鉴彼此的数学成果，推动了东亚数学教育事业的发展。

7.2　汉译数学教科书在中国的影响

1894 年甲午战争的失败使国人猛然觉悟，清朝的一些有识之士开始认识到日本维新之有成，端在善于学取西洋文化所致。所以甲午之后，举国上下，莫不视游东瀛为富强之要经。而且日本之学西方，每能去芜存菁，取精用宏，因而若通过日本学习西洋文化，可获事半功倍之效，且东游又有路近、费省、文同各种便利，所以自清末以来，虽国内

---

① 卡塔兰氏. 幾何学定理及問題 [M]. 長澤龜之助，訳. 東京：日本書籍株式会社，1904：3.

② 長澤龜之助. 三角法精義 [M]. 東京：成美堂，1907：1 – 2.

③ 長澤龜之助. 問題解法幾何学辞典 [M]. 東京：長澤氏蔵版，1907：序.

变乱频繁，中日邦交屡有起伏，而负笈东渡者，始终络绎于途。[①]

根据谭汝谦先生的统计，1660—1895 年，汉译日文书的数目为零。从 1896 年开始，中国人才开始翻译日文自然科学著作。1949 年前，汉译日文书最集中的时间段在 1896—1937 年这 40 多年间。而根据毕苑整理的汉译日本教科书书目（1890—1915）统计，目前共计 27 类 507 种，有关数学的教科书共有 89 种，其中算术类 14 种、代数类 22 种、几何类 36 种、三角类 17 种，在所有门类中占比最大。[②]冯立昇的论著《中日数学关系史》整理了甲午战后中国翻译日本数学书的数量竟达 151 种，内容涵盖从最初等的小学算术到大学的微积分。[③]

时间范围不同，汉译日本科学著作的数量也有所不同，但从 1896 年开始中国大量翻译了日本书籍是不争的事实。当时翻译的数学教科书主要有菊池大麓、藤泽利喜太郎、泽田吾一、桦正董、上野清、长泽龟之助、远藤又藏等的教科书。在前人研究的基础上，经笔者多方查找，仅长泽被翻译为中文的数学教科书就达 20 种之多，如表 7-1 所示。如果按照冯立昇统计的数量 151 本来计算的话，长泽的教科书就占到了汉译日本数学著作的 13% 左右。可见，长泽数学教科书对中国的影响程度。

表 7-1　长泽龟之助的 20 种汉译数学教科书

序	书名	译者	出版社，出版年
1	新数学教科书	包荣爵	1905 年
2	新数学教科书	周达	东亚公司，1906 年
3	新数学教科书	周达，包荣爵	东京东亚公司、上海东亚公司，1907 年

---

① 实藤秀惠. 中国人留学日本史［M］. 谭汝谦，林启彦，译. 北京：三联书店，1983：1.

② 毕苑. 汉译日本教科书与中国近代新教育的建立［J］. 南京大学学报（哲社版），2008（3）：95.

③ 冯立昇. 中日数学关系史［M］. 济南：山东教育出版社，2009：231-246.

续表

序	书名	译者	出版社，出版年
4	算术问题解法	陈延杰	昌明公司，1909 年
5	初等代数学教科书	松坪叔子	湖南作民译社，1906 年
6	代数学教科书	言焕彪，言焕彰	上海益群书社，1906 年
7	新代数学教科书	余恒	上海东亚公司，1908 年
8	初等代数学	仇毅转，译	上海益群书社，1908 年
9	中等教育几何学教科书（平面）	何崇礼	科学会编译部，1906 年
10	新几何学教科书（平面）	周达	东京东亚公司、上海东亚公司，1906 年
11	中等平面几何学阶梯	崔朝庆	会文学社，1906 年
12	新几何学教科书（立体）	张其祥	东京东亚公司 1908 年初版，1909 年 3 版重印
13	平面新几何学教科书详解	文锷	保阳官书局，1908 年
14	普通教育平面三角教科书	张修爵	上海普及书局 1906 年初版，1907 年再版
15	球面三角法	包荣爵	新学会社，1907 年
16	新三角法教科书	包荣爵	东亚公司，1907 年
17	微分积分学	马瀛	上海商务印书馆 1911 年初版，1914 年再版
18	几何学教科书（平面）	曾杰	湖南省城府正街广雅新译社，1907 年
19	中学几何学初步教科书	萧屏	上海商务印书馆，1912 年
20	解析几何学	彭靓圭	北京琉璃厂，1908—1910 年

　　汉译长泽的数学教科书不仅数量巨大，流波范围也非常广泛，笔者按照表 7-1 中教科书出版地整理发现，当时长泽的汉译教科书主要在东京、上海、湖南印刷，然后销往中国各地。例如，包荣爵翻译的《新三角法教科书》第 9 版就是在东京的宫本印刷所印刷，之后在中国的上海东亚公司、奉天东亚书药局、天津东亚书药局和济南东亚

书药局发售。张其祥翻译的《新几何学教科书立体》也是在东京株式会社秀英社发行，之后在中国的天津、奉天、济南、扬州等地销售。而萧屏翻译的《中学几何学初步教科书》则是在上海商务印书馆印刷，之后在北京、奉天、龙江、天津、济南、开封、太原、西安、成都、重庆、安庆、长沙、桂林、汉口、南昌、芜湖、杭州、福州、广州、潮州等地都有销售。可见，长泽的汉译教科书在晚清各地都有销售。

长泽的汉译教科书不仅销售范围遍及全国，而且受到众多读者的欢迎，不断再版发行。其中在长泽的汉译《新几何学教科书立体》在1908年初版，1909年再版并重印3次发行，可见该书的热销程度。而且在1909年版的书后还有东亚公司出版数学书类广告，该广告刊登了6本数学教科书，其中有5本译自长泽，分别为《新数学教科书》《新代数学教科书》《新几何学教科书平面》《新几何学教科书立体》《新三角法教科书》。另有一本是译自东野十次郎的《最新算术教科书》。各教科书的重印次数如下：

长泽《新数学教科书》　　　重印 4 次

长泽《新代数学教科书》　　重印 2 次

长泽《新几何学教科书平面》重印 7 次

长泽《新几何学教科书立体》重印 3 次

长泽《新三角法教科书》　　重印 3 次

东野《最新算术教科书》　　重印 2 次

同样译自长泽的《新三角法教科书》初版于 1907 年，到 1914 年已经再版到了第 9 版，在改版的书后也有东亚公司出版数学书类的广告，同样指出了 1914 年长泽的汉译各科新数学教科书的重印次数：

长泽《新数学教科书》　　　重印 6 次

长泽《新代数学教科书》　　重印 6 次

长泽《新几何学教科书平面》重印 17 次

长泽《新几何学教科书立体》重印 4 次

长泽《新三角法教科书》　　重印 9 次

东野《最新算术教科书》　　　　重印 2 次

从 1909—1914 年 5 年时间内，长泽的各教科书都不断重印发行，其中《新几何学教科书平面》的重印次数竟然在 5 年之内增加了 10 次，而《新三角法教科书》也增加了 6 次。可见，其在中国的受欢迎程度和使用量。而东野十次郎的《最新算术教科书》在这 5 年内却没有重印，这也从一个侧面说明了不是所有译自日本的数学教科书在中国都很畅销。至于长泽的汉译教科书被哪些学校使用，由于时间久远、资料有限，不能一一调查清楚，下面将以言焕彣、言焕彰所译《中学适用代数学教科书》在湖南的使用情况为例进行论述。在该书序言中提到：

> "本书原为日本长泽龟之助氏所著，余亡弟小舫氏译以为吾湘中路师范学堂游学预备专科暨明德修正修业等中学堂之教本也，其说理之精密、解式之简明、语法之浅显，求之译界，鲜克比伦……中略。本书成于光绪三十二年春间，其时以誊写版印本编行湘省，售出者不下数千部，余担任求忠明德经正各中学堂数学科教员，亦以是书为教本，今初版已告罄，而索书者纷纷，爰特再版印行，以副购阅者之雅意。"①

由此序可知，光绪三十二年（1906）该书初版，曾在湖南中路师范学堂、明德、修正、修业、经正、求忠等各中学堂作为教科书使用。而且初版后非常畅销，售出数千部，然索书者仍络绎不绝，是而 1909 年不得不再版发行以满足购阅者之雅意。

另外，萧屏曾在湖北蚕业学堂任教，教授几何学。他于 1912 年将长泽的《中学几何学初步教科书》翻译为中文出版，他认为："几何学为中学必习之科，浅之可以立名物器象之基，深之可以为娇心缮性之用。近岁所出教科书，无虑数十种，用以教授，往往讲者如钟，听者如声，得其益者盖寡。非其书不善也，过在程度不与心理想当

---

① 长泽龟之助. 中学适用代数学教科书［M］. 言焕彣，言焕彰，译. 上海：上海群益书社，1909：1 - 2.

耳。"① 于是，他到处寻觅适合初等几何学教授用书而未有合适之物，此时友人赠他日本长泽氏《几何学初步教科书》。"初以为浅，未甚措意，继而译授学生，无不言下顿悟，欣欣有得，再进以稍深之书，则豁然开朗。非复前此之倦而思卧，盖今昔之心理异矣。客春重游鄂渚，承乏蚕业学堂。复以是书讲授，学者亦能怡然了悟，无所扞格。其合于今日学生心理盖无疑意。"①

可见，当时在中国没有合适的初等几何学教科书，使得几何学教学无法顺利开展，于是萧屏才四处寻觅合适教材。而长泽的《几何学初步教科书》是为日本"几何学初步"这门课程编撰。其难易程度正好也适合当时中国的初等几何学教学，于是萧屏将其翻译出版，供中国几何学教学之用。这说明当时至少在湖南和湖北的一些学堂在使用长泽的教科书，而且教学效果良好。

7.3　汉译数学辞典在中国的传播与影响

长泽除了编译数学各科教科书和习题集之外，还编撰了许多数学辞典。据笔者统计，他编撰的数学辞典共有 10 本，如表 7-2 所示。

表 7-2　长泽编撰的数学辞典

序	书名	出版社	出版年
1	問題解法代数学辞典	東京郁文社	1907 年
2	代数学小辞典	寶文館	1914 年
3	問題解法幾何学辞典	東京長澤氏蔵版	1907 年
			1912 年
4	問題解法続幾何学辞典	東京長澤氏蔵版	1908 年
			1912 年
5	解法適用数学辞書	東京郁文社	1905 年
6	立体幾何学・平面三角法小辞典	寶文館	1913 年

---

① 长泽龟之助. 中学几何学初步教科书 [M]. 萧屏，译. 上海：商务印书馆，1912：序.

序	书名	出版社	出版年
7	平面幾何学小辞典	寶文館	1913 年
8	問題解法三角法辞典	寶文館·六合館	1910 年
			1912 年
9	算術小辞典	寶文館	1913 年
10	解法適用算術辞典	寶文館·六合館	1909 年

其中《问题解法几何学辞典》在 1907 年出版，出版之际，京师译学馆的薛光锜曾为其作序，序中对长泽的字典评价如下："（前略）……乃于去岁著数学辞书，详释算术代数几何三角之学语，以问题详解法附焉，取其溥也。今岁复著几何学辞典。详释几何学之问题。以其历史及所译学语附焉，取其专也。溥以罗众善之长，专以竭一门之秘，随溥同专门而各协于用。著者之苦心为何如乎。夫数学辞书畴人家皆已寝而馈之，其内容之美，无待鄙人赘述为也。而几何学辞典则与数学辞书中所含几何之部有相因之妙，无重复之嫌，而精博详书复远过之。盖虽现行各种问题解法，亦已蒐集无遗也。呜呼，尽之矣，是书一出，吾知世界畴人莫不先观为快也，岂特东亚而已哉。"可见薛光锜不仅对长泽的《解法适用数学辞书》评价甚高，而且非常赞许《问题解法几何学辞典》中问题之宏大、内容之详尽、解法之全面。

而崔朝庆在《解法适用数学辞书》的序中也高度评价了长泽字典："（前略）……近得先生手书，并示以新辑数学辞书之体例，凡分八门，曰辞书之部，曰英和对照学语之部，曰算术代数几何三角解法之部，曰数学小史之部，分门别类，足补中等教育师生参考之用，允推东亚独一无二之巨作也。前乎此者，有驹野政和之数学字汇，宫本藤吉之数学字典，皆失之简略。先生此书出，而算界又放一异彩矣……"可见，该字典比当时日本学者驹野政和及宫本藤吉的数学字典更为详细，非常适合作为中等教育师生的参考用书。

正因为长泽的字典在中国受到了很高的评价，而且非常适合中等数学教育参考之用，所以在 1935—1937 年，薛德炯、吴载耀合作将长泽的 5 本字典《问题解法代数学辞典》《问题解法几何学辞典》《问题解法续几何学辞典》《问题解法三角法辞典》及《解法适用算术辞典》翻译为《题解中心代数学词典》《题解中心几何学词典》《题解中心续几何学词典》《题解中心三角法词典》《题解中心算术词典》，在新亚书店出版发行。后来在 1948、1957、1959、1981 年由上海科学技术出版社多次再版发行。①

1957 年上海科学技术出版社再版该套字典之际，薛德炯在再版序言中提到了长泽字典在中国的刊行经过如下：

我等编译本书，开始于 1932 年，完成于 1937 年，整整地花了 5 个足年。刊行以来，历时已达 20 年。论到内容，自有若干场合不能与时代适应。为求内容完整，理应加以修订。原出版者新亚书店，在公私合营以前，曾向我等提出此项问题，我等亦曾一再考虑，无奈都因忙于手头工作，无法分出时间从事增订，新亚方面亦无暇从事改版。统计全书字数在 450 万以上，页数共 5000 有余，单就改排费而论，即需 10 万余元，不是一件轻而易举的事。当时人力物力两有限制，因而中止考虑，未能进行。只决定将印成之书售完为止，不在添印。哪知两年以来，存书早已卖尽，不见于市，上海旧书店且在高价收买，而来源缺缺。各地读者纷纷向新华书店采购，无以供应。足证本书内容虽稍陈旧，而尚有参考价值。在未有同类的新书足以替代之前，重印若干部以应需要，事属分所当为。所幸全书纸型完好，只需纸张有着，其他不难解决。现经决定由上海科学技术出版社就原有纸型重印出版，以应各方需要，特附志数语于此，以明继续刊行的经过。

薛德炯

1957 年 6 月 28 日②

在 1935 年薛德炯翻译该套辞典时，当时中国的"科学书籍、寥

---

① 代钦. 数学教育与数学文化 [M]. 呼和浩特：内蒙古教育出版社，2013：237.

② 长泽龟之助. 题解重心代数学辞典 [M]. 薛德炯，吴载耀，译. 上海：上海科学技术出版社，1959：序.

若晨星，深感无以应国人之需要"。① 所以这套字典在 1935 年初版之后，便在上海、南京、重庆、汉口、贵阳等地分别发行，对当时的中国数学教育注入了新鲜血液。而且各数学辞典在当时的印数也非常巨大，《几何学辞典》在 1957 年之前的印数就达 48 500 册。而《代数学辞典》从 1935 年 6 月至 1953 年 3 月，共计 9 版，23 500 册，科学技术出版社从 1957 年 9 月至 1958 年 2 月，共 1 版 4 次印刷，印数 30 000 册，上海科学技术出版社从 1959 年 10 月新一版印刷至 1981 年 1 月，共印刷 3 版，印数达到 177 000 册。在近半个多世纪的时间中先后被三大出版社出版和重印，总数达到 230 500 册。② 可见直到 1981 年，长泽的数学辞典在中国还非常畅销，是当时中、小学教师备课的首选工具书。③

　　无论从时间范围，还是再版次数、重版印数来看，长泽的汉译本数学辞典对中国中等数学教育的影响是毋庸置疑的，甚至直到现在，里面的一些数学题解都不过时，也可以成为学生和教师的参考之选。特别是该套字典中有各科"数学小史"的内容和数学术语的英汉对照表，是研究数学史和数学翻译史不可多得的绝好资料。

7.4　中国学者对长泽龟之助数学教育工作的评价

　　长泽龟之助从翻译西方数学著作到自己编撰数学教科书，完全是为了日本的数学教材的不断完善与发展。而后，中国学者将长泽的数学教科书引入中国也是为中国数学教育提供更加完备的数学教材。这些数学教材从西方翻译到日本，再经过日本的教学实践而引入中国，长泽在这一过程中发挥了重要的桥梁与纽带作用。清朝数学家周达在 1903 年写的《日本调查算学记》中就曾详细记述当时三大代数学在

---

① 长泽龟之助. 三角法辞典［M］. 薛德炯，吴载耀，译. 新亚书店，1951：编译者言.

② 闫晓民.《代数学辞典》中译本初探［J］. 山西大同大学学报（自然科学版），2012，28（2）：96.

③ 长泽龟之助. 题解重心代数学辞典［M］. 薛德炯，吴载耀，译. 上海：上海科学技术出版社，1959：内容提要.

日本的翻译情况并给以评价：

"日本译籍中，有三大代数学最为著名。三大代数学者，库利斯塔尔大代数学、司米司大代数学、突翰多尔大代数学是也。此三书学理精深，包孕宏富，算学界上占有极大之价值焉。

库利斯塔尔大代数学为理论最新之书，长泽氏历举其书中特色之点异于他书者，凡三十四事，可想见其精湛矣。库氏原书本有两种：一为长泽龟之助所译，一为上野清所译，上野清氏所译之本为最完备。惜仅出上卷，学者深以未窥全豹为憾。

司米司大代数学译本最多，有长泽氏译本，有岩村氏译本，有奥平氏译本，而以上野清讲义为最善。上野氏讲本已出至 12 版，近复以郝尔及乃脱三氏之代数问题另作详解一卷，印成单行本，以补原书之遗，可谓毫发无遗憾矣。

突翰多尔大代数学出版最早，为长泽龟之助所译，市乡弘又将其例题解式译出，为单行本，突氏之书宏深渊括，足与库司二氏抗衡。"[①]

其中的库利斯塔尔就是 G. Chrystal（1851—1911），司米司即为本书第四章所讲的史密斯（CharlsSmith，1844—1916），突翰多尔就是指突氏（Isaac Todhunter，1820—1884），此三人编撰的代数学教材都经过长泽之手翻译到了日本。长泽最先翻译的是突氏代数学，在史密斯代数学教材没有引进之时，日本的中学教科书几乎都以突氏代数学为教科书，但是长泽引入史密斯代数学之后，突氏代数学便略显陈旧，逐渐被史密斯代数学取代。从 1887 年开始，史密斯代数学开始在日本各中学作为教材广泛使用。在使用过程中，针对该教科书的不足，长泽还进行了许多改进与补充。与此同时上野清等日本数学家也开始关注史密斯代数学，并开始根据教学需要进行补充与完善。库氏代数学是在史密斯代数学之后引入日本，当时长泽引入该书的目的是希望和史密斯代数学互为补充，作为中学教学的参考书来使用。可见，库氏代数学引入日本并没有冲击史密斯代数学在日本的地位，而

---

① 周达. 日本调查算学记 [M]. 上海：中西书局，1903：9 – 10.

是补充了史密斯代数学的不足之处。

　　周达指出了上野清以郝尔及乃脱之书补充史密斯代数学，其实上野清在 1907 年出版的《新版大代数学讲义并例题解》就是以库氏代数学补充史密斯代数学而出的新版之书。可见，长泽首次引入日本的史密斯代数学在日本数学教育中的地位一直没有被取代。

　　长泽的日译本史密斯《初等代数学》在中国的晚清时期也非常受欢迎。1905 年由中国学者陈文译为中文，在商务印书馆出版。1908 年，仇毅又将该书译为汉语，在上海群益书社出版。同年还有王家菼的译本。[①] 由于史密斯代数学立意新颖、措辞简单、章法配置得宜、例题选择精当，所以这些汉译本在中国多地学堂使用，评价很高。

　　除了独特的眼光之外，从长泽翻译突氏改编的《几何原本》，还可以看出长泽先进的教育理念。周达前往日本调查算学。期间和长泽龟之助、上野清等日本数学家有过深入交流。其中长泽提到了对欧几里得《几何原本》的看法：

　　“古代欧洲之学人，视欧几里得之几何原本，如宗教家之视经典，几于一字不敢增损。迨至一千八百年之际，几何学进步甚速，崇拜欧氏之梦渐醒，知几何原本浅易不足咀嚼。又以其条理不合于教科之用，于是为之点窜改易者，纷纷出矣，此实几何学进步之现象也。无论何种学科，苟为一学说所限制者，决不能有进步，必须冲决旧藩，自树新帜，乃能相争相胜，而进步之象现焉。”[②]

　　由此可知，长泽对于任何一门学科都坚持推陈出新的态度，这也印证了他不断翻译引进西方数学新教科书的原因所在。那么长泽之所以翻译《宥克里》也是因为突氏对欧几里得的《几何原本》进行了“点窜改易”。虽然该书经过突氏改编后在英国作为教科书使用，但“该书既非高等学理之书，又不合于教科之用”[②]，故而在日本也没有引起太大反响。《宥克里》在日本没有作为几何学教材广泛使用的另外一个原因

---

① 张伟. 查理斯密小代数学在中国的流传与影响 [J]. 兰台世界，2011，10：5.

② 周达. 日本调查算学记 [M]. 上海：中西书局，1903：14.

是当时翻译突氏的 *The Elements of Euclid For The Use of Schools and Colleges* 不只长泽一人，还有工部大学校造家科第一届毕业生曾祢达藏在 1884 年 4 月也曾译过该书，但只翻译了前 4 卷和对应的练习题，书名为《突氏几何学》。该译本比长泽的《宥克里》易读。[①] 这也许是长泽译本没有在日本广泛流传的原因。除了突氏的《宥克里》之外，长泽还翻译了英国著名数学家柯氏（John casey，1820—1891）根据欧氏几何学改编的几何学教材 *The first six Books of the Elements of Euclid*，*And PropositionsI – XXI. of Book XI*，*And an Appendix on the Cylinder*，*Sphere*，*Cone*，*etc*，*With copious Annotations and numerous Exercises*，名为《改正增补欧几里得几何学》，该书还通过文部省检定成为中等几何学教材。周达在其《日本调查算学记》中也提到了该书"即英人约翰可成氏所改纂之几何原本也，可成氏为英国几何学大家，其所增改，多近时名理，较欧氏原书真有大辂椎轮之别矣。"[②] 可见该书经柯氏改订后已经和《几何原本》的体例完全不同，更加适合日本几何学教学。长泽先后翻译突氏和柯氏改编的《几何原本》也体现了他先进的教育理念和不断推进几何学进步的决心。

正因为长泽拥有不断进取、推陈出新的教学理念，所以他的数学教科书和辞典不仅在日本非常畅销，汉译本也在中国各大学堂使用，并不断再版。其实，他编译的教学参考书也非常适合时宜，对中日中等数学教育颇有启发。1907 年，长泽编译出版了一套教学参考书，名为《代数学精义》《几何学精义》《三角法精义》。这 3 本书出版之际，长泽邀请成都通省师范学堂的林启一为其《代数学精义》作序，两江师范学堂的余恒和包荣爵分别为其《三角法精义》和《几何学精义》作序，此三人在序中都高度评价了长泽及其著作。林启一指出：

"今君所编译哿拍脱氏代数学又告竣，读日本名家列传，知君以代数学声名隆隆，且原著者为法国数学泰斗，其特色之点与突氏斯氏库氏

① 公田藏. 明治前期の日本において教えられ、学ばられた幾何［J］. 数理解析研究所講究録，2006（1513）：188 – 203.

② 周达. 日本调查算学记［M］. 上海：中西书局，1903：14 – 15.

各代数学，互为略近数，末附方程式论，又附法国大学试验问题，其网罗渊博，组织稠密，尤非他种代数学，所能望其项背，且卷帙之富，与君所译卡氏几何学定理及问题相颉颃，是诚数学界一大新帜矣，特赘数语，为东亚学子贺。"①

而余恒对于《三角法精义》的评价为：

"教科书之于参考书，其犹辅车之相依乎，譬之汽机。教科书者，其机械也，参考书这，其煤料也。机械无煤料之助力，则不能运行。教科书无参考之助力，则不能致用。日本数学之书，日新月异，然教科书多，而参考书少，长泽君者，东亚畴人之泰斗也。于甲辰岁，著新数学教科书四种。[算术、代数、几何、三角]。于以叹教科之书，至此观止矣，然参考之书，其完全者，尚不多观，是固数学界之缺点，而余不能不希望长泽君补救之者也。乙巳长泽西游吾国，唔余于金陵，出所著卡氏几何学示余。展读一过，觉其搜罗宏富，解法完善，寻最良之参考书也。余之希望于长泽君者，已足偿其一二矣。今岁复有代数学精义之作，兹又著三角法精义，嘱余序焉。奇书第一编论平面三角法，第二编附各种公式及解法，第三编论球面三角法，第四编列各类问题，附编备载佛大学之试验问题，而附录日本文部省中等教员之检定试验问题焉。其程度与卡氏几何学相捋。而以佛国龺氏三角法为根据，夫龺氏三角法之良善，已为世界所公认，今复益以长泽君之著述，则其声价，不言可知。而余之希望长泽君者，至此遂矣。夫吾国之三角法发达颇早，如梅徐工戴诸氏，均有著述，然研究之者鲜，以致进步迟缓。数十年来，西算东渐，欧洲之三角法，流入中土者，以三角数理较为完备，然今视之，其书既古，缺点极多，数学家未有不叹无精良之三角书者。今是书出，不独日本数学家所宝贵，即吾国习算之士，亦当案置一册，以资参考，其有裨于吾国算界者岂浅显哉。"②

而包荣爵认为："东友长泽氏，为学博而致力勤，著作等身，算界

---

① 周达. 日本调查算学记 [M]. 上海：中西书局，1903：2.

② 長澤龜之助. 三角法精义 [M]. 東京：成美堂，1907：1–2.

诸科，盖靡不焕然一新，其于几何也，所编译者，有数学辞书，新几何学教科书，卡塔兰氏几何学，与夫几何学辞典，近复以其最后研究之功，成几何学精义一编，其书第一编至第四编论平面几何，第五编至第八编论立体几何，第九编论圆锥曲线及螺线，补遗二编则论测地术及摄影几何大意，续编则论问题与解法，续续编则论最近几何，而附录则论日本文部省中等教员检定试验问题及其解也。书近千页，门分类别，论理皆有条不紊，博深切明，诚巨作也，伟哉先生，盖能入深出显，先觉觉人者欤。是亦今之欧几里得也，走不敏，读先生之书，尤重先生之功，爰述其大意如此，聊用为序。"①

  3 位中国学者高度评价了长泽的数学工作，指出了长泽在编译数学书方面的贡献，特别是这套数学参考书的编撰填补了日本当时没有教学参考书的空白，是从事数学教学者的极好参考资料。

  进入 20 世纪，晚清的一些学者开始大量翻译日本数学书。在学习日本数学内容的同时，横排模式也随之传入了中国，给晚清数学教科书的编写带来了便利。所以，日本横排数学书又一次以翻译的方式被引入中国。

  20 世纪初，晚清的数学教科书还很混乱，编排方式有竖排、也有横排，还有横竖混合编排。② 而此时的日本教科书已经完成了由竖排向横排的过渡。而 19 世纪末到 20 世纪初正好是中国大量留学生赴日学习的高潮。期间中国留学生翻译了许多日本数学著作，当然所译数学书的编排方式也采取了日本的横排模式。例如，1906 年周达译长泽龟之助的《新几何学教科书平面》及 1907 年仇毅译菊池大麓的《中学校数学教科书几何之部》都采用横排方式。这些译著对中国学者冲击很大，使更多的中国学者认识到横排教科书的优点。例如，陈鼎元、黄元吉著《中等代数学教科书上卷》（商务印书馆，1915）"凡例"中提到："日本译代数，皆译其文，而不改其式。自长泽氏从西书体裁改为横列右行，学者称为极便。兹编辑取其义。不循前人故辙，非以欧化为崇尚，

---

① 長澤龟之助. 幾何学精義 [M]. 東京：成美堂，1907：1–2.

② 代钦. 数学教育与数学文化 [M]. 呼和浩特：内蒙古教育出版社，2013：113–118.

亦国学习之便利云。"① 可见当时中国学者对长泽在数学书横排方面的贡献和由此带来的便利性给予了高度评价，并积极倡导在中国推广。

长泽龟之助推动的日本数学书横排是学习西方、翻译西方数学书的必然结果，是顺应时代发展、方便读者的划时代变革。虽然经历了竖排到横竖混合编排、再到横排这一曲折历程，但最终为学科和读者提供方便的思想战胜了传统阻碍，推动了日本数学和西方数学的接轨，同时也促进了中国数学教科书横排的普及，具有重大历史和现实意义。

7.5　本章小结

长泽龟之助不仅重视本国的中等数学教育，还通过书信往来、交流访学等途径和许多中国数学家和教员进行交流，为中国的数学教育输送了很多卓越教材。甲午战争之后，中国开始全面学习日本明治维新的成果，从 1896 年开始，清政府派遣了大量留学生去日本学习科学技术。从此之后，日本的科学著作被中国留学生源源不断地介绍到中国，长泽龟之助的许多数学教科书就是在此时被中国学者和教员翻译出版，由于非常适合中国的数学教育，所以很多教科书在中国各地学堂广泛使用，并不断再版发行，对中国数学教育影响巨大。

长泽的各科数学字典是在 1935 年左右由薛德炯和吴载耀翻译，在东亚公司出版。之后由于中国数学教育的需要，先后由科学技术出版社和上海科学技术出版社再版发行，在中国各地销售，影响了中国近半个世纪。他所倡导的数学书横排在 20 世纪初，随着教科书的翻译，被中国数学教育所接受，影响至今。

总之，长泽龟之助编撰的众多数学教科书和教辅材料，都是先进教学理念和教学实践相结合的产物，不论从形式上，还是从内容上，都对日本数学教育影响巨大，对中国数学教育也做出了重要贡献。他积极倡导中日数学交流，是近代中日友好交往的使者。

---

① 陈鼎元，黄元吉. 中学代数学教科书（上卷）［M］. 上海：商务印书馆，1915：3

第8章 结　语

　　长泽龟之助是日本明治、大正时期最活跃的民间数学教育家之一，对近代数学知识在日本的传播与普及做出了重要贡献。他于万延元年（1860）11 月 22 日出生于九州北部久留米的一个藩士家庭。少年时期先后就读于藩校明善堂、高良山神习馆，后于 1875 年考入九州地方唯一的官立学校——长崎师范学校，明治十一年（1878）毕业。毕业后起初在京都开过私塾，在从事初等教育的同时，也努力自学西方高等数学的知识。

　　明治十三年（1880），加入东京数学会社，并开始在《东京数学会社杂志》上发表文章，和会社中的许多著名数学家探讨求解数学问题的方法。这一时期，日本的数学教育面临的主要问题有教育制度不完善、新式教科书和教员缺乏。面对这样的问题，日本的和算家、洋算家、陆海军学者都做出了各自的努力。其中，日本数学家川北朝邻创办了数理书院，其目的就是通过翻译西方数学著作来解决日本数学书缺乏的现状。长泽龟之助和川北朝邻志同道合便加入数理书院。他在译书方面贡献突出，短短三四年时间就翻译了英国数学家突氏的著作 10 余部。但在数理书院的翻译中，长泽缺乏主动性，因为翻译什么书、在哪里出版及校阅工作都是由川北决定的，长泽只是在川北的指导下完成翻译任务。尽管如此，十几部突氏数学著作在日本的出版一时在日本引起轰动，各中学所用教科书几乎都是突氏之书。由此可见，长泽前期翻译工作对日本教育的贡献巨大。

　　在前期翻译工作的基础上，从 1887 翻译史密斯的《初等代数学》

起，长泽开始根据当时日本的实际教育状况，有选择地翻译西方的数学著作。在翻译中，长泽的主动性大大增强，翻译什么书、在哪出版、采取什么体例都由长泽自己决定，所以此时的翻译我们把它称为长泽的后期翻译工作。相对于前期忠于原书的翻译模式，后期的翻译工作则注重灵活性，会按照日本的教学实践进行必要的增译和补译，而且还根据不断再版的新版原书改进译本以保证日本数学教学的脚步和国际接轨。

长泽的后期译著史密斯《初等代数学》在日本非常畅销，得到了众多公私立学校和数学家的认可，并通过文部省检定，成为日本中学的代数学教科书。史密斯代数学在日本的广泛传播证明了长泽对日本数学状况的了解程度和眼光，同时也大大激发了他进一步翻译西方数学书的激情。此后，他便开始不断翻译柯氏、库氏、温德华氏、卡塔兰氏等众多数学家的著作来充实日本各科数学教科书。但毕竟译著会有不适合日本教学之处，于是长泽开始不断改进和完善它的译著。为了补充史密斯小代数学的不足，长泽自己编译了《史密斯小代数学补遗对数》及《方程式之理论》。同时为了使国外教材和日本教学接轨，长泽还不断再版增补突氏和柯氏的《平面三角法》以适应日本的三角法教学。面对突氏的《宥克里》不能满足日本教学之用的尴尬局面，长泽又翻译了柯氏的《改正增补欧几里得几何学》。该书在日本非常受欢迎，经文部省检定成为中学几何学教科书。这些教科书的不断翻译与改进都是长泽为了日本教学实践所做的努力。

长泽在翻译过程中最难解决的问题就是当时没有统一的数学术语可供参考，其实当时的许多日本数学家也都意识到了这个问题，于是东京数学会社下设译语会开始讨论数学术语的统一问题，东京数学会社和后来的东京数学物理会在数学术语的统一方面取得了一定的成绩。但在长泽翻译的年代，日本的数学术语还远没有达到统一的程度。所以长泽在翻译过程中开始想方设法为日本数学术语的统一事业出力献策。对于东京数学物理学会统一的"SUGAKU YAKUGO"中已有的术语，他一般采取沿用的做法，对于其中没有的术语，他就结合自己的翻译经验进行选择与创制，并将他认为合适的术语列于书后做成英日术语对照表以供后人参考，并且在以后的翻译中不断增补完善。长泽不断完善的数学各科英日术语对照表中的大部分术语被沿用至今，可见长泽在术语统一中的贡献。

在翻译的同时，长泽开始以西方众多数学家的著作为模板自己编撰教科书，一开始主要编撰一些简单的算术和初步几何学的教科书，随着自己编撰经验的积累，开始逐渐编撰适合中学教学的算术、代数学、几何学、三角法全套教科书。同时还针对中等女子教育和实业教育的特点，编撰了许多女子和实业教育的教科书。长泽在编撰教科书的同时，还非常关注所编教科书在中学的使用状况，并主动听取中学教员的建议进行不断再版改进。正因为如此，长泽编撰的教科书非常贴合教学实际，被很多中学使用。

到 20 世纪初，日本的数学教科书已经非常完备，但是教学参考书却寥寥无几，所以长泽在 1904 年将卡塔兰氏的《几何学定理及问题》译为日文作为几何教学参考书使用，没想到此书在日本引起了轰动，大受欢迎。于是长泽又按照法国数学家舒拍脱的数学书编译了 3 本参考书《代数学精义》《几何学精义》《三角法精义》以供教学之用。除了教科书、参考书之外，长泽编撰了大量的成套习题集来补充教科书中练习题单一的缺点。同时将当时各官立学校历年的入学考试题收入其中，并不断更新，给学生考前复习提供了方便。为了教师教学和学生学习的方便，长泽还编撰了容量非常大的各科数学辞典。可见编译结合、不断改进、门类齐全是长泽编译中等数学教材的特点所在。长泽除了自己编译教科书之外，还和许多日本数学家和学者一起合作译书、著书，和一线教员积极交流教科书中存在的问题，一生著书多达 150 部。为了推广数学知识，并与学生充分交流，他还创办杂志《XY》并主持该刊事务 20 多年。

长泽除了和日本数学家及学者共同探讨数学知识、教科书编撰法之外，还将合作领域扩展到国外，和周达、崔朝庆等许多中国数学家及 Chrystal, G. 等西方数学家都有过交往。他在翻译西方优秀数学教科书的同时，还将自己的教科书输出到中国，他的教科书中有 20 多种曾被翻译为中文在中国出版发行，推动了中国数学教育的开展。

　　另外，长泽的一些编书理念和编书方法非常有前瞻性，1887 年左右，日本数学书还和中国古代数学书一样采用竖行文字，长泽注意到了竖行文字对于数学公式的编排与阅读多有不便。于是突破传统，开始推行横排数学书，这一举措得到了数学界的普遍认可，此后在菊池大麓等众多数学家的推动下，日本的数学书最终实现了横排，影响至今。使用几何符号简化证明过程及数学各科统合教学思想也是在长泽的积极倡导下最终得以实现的，时至今日还在中学教学中广泛使用。

　　甲午战争之后，清政府开始全面学习日本明治维新的成果。长泽的许多数学教科书开始被翻译为汉语在中国各地出版发行，并不断再版使用。对晚清民国时期的中学数学教育的开展注入了新的血液。1935 年开始，长泽的 5 本数学辞典也被汉译引入中国，直到 1981 年还在中国的数学教育中发挥着重要作用，可见长泽的教科书和辞典对中国教育的贡献之大。

　　总之，长泽就是这么一位兢兢业业致力于日本数学教育的民间数学家，他从早期的翻译工作到后来自己编撰教科书，无不体现出他为日本教育所做的努力。长泽从长崎师范学校毕业后便开始投身数学教育，由于认识到教科书在数学教育中的重要性，便开始翻译引进西方数学著作来充实日本数学教育。至此，长泽走出了一条翻译与教学相结合的独特道路，不仅在翻译西方数学著作方面贡献卓著，在中学数学教材的编写方面也功不可没。他编译的教材是西方的先进数学思想和日本鲜活的教学实践相结合的产物，对日本中学数学各科的教学工作都发挥了重要作用。不仅如此，他积极倡导的数学术语统一工作、数学书横写、统合数学教学思想、几何符号证明法等都对现代日本数学及日本数学教科书的编写产生了重要影响。不仅如此，他的许多数学教科书和辞典还被翻译为中文在中国出版使用，并不断再版，影响中国多达半个世纪之久。

附　　录

附表1　长泽龟之助的译书（22 本）

书名	出版社	出版年
チャールス・スミス代数学 長澤亀之助、宮田耀之助訳	尚成堂1版	1887 年
	尚成堂2版	1888 年
	尚成堂3版	1889 年
	東京尚成堂、増訂16版	1893 年
	東京数書閣、増訂17版	1896 年
	東京数書閣、増訂19版	1898 年
	東京数書閣、増訂20版	1898 年
	東京数書閣、増訂22版	1913 年
トドハンター代数学	丸屋善七［ほか］	1883 年
方程式之理論（チャールス・スミス代数学続編）長澤亀之助、宮田耀之助訳	東京数書閣	1893 年
チャールス・スミス小代数学 補遺対数	尚成堂・数書閣	1890 年
佛国カタラン氏幾何学定理と問題	日本書籍株式会社、東京国定教科書共同販売所	1904 年，1906 年増補，1914 年，1925 年改定版

书名	出版社	出版年
新撰平面幾何学（上、下巻）	数書閣	1899 年
宥克立	東京数理書院	1884 年
宥克立例題解式	東京数理書院（第 2 版）	1884 年
幾何円錐曲線法（正編）	丸屋善七、東京数理書院	1882、1886 年
初等平面三角法（ジョン・カセー）	東京尚成堂	1893 年
トドハンター平面三角法	東京数理書院 東京共立社	1883 年 1928 年
中等教科書平面三角法（ジョン・カセー）	尚成堂 尚成堂（第 2 版）	1888 年 1890 年
中等教育平面三角法教科書（トドハンター）	東京開新堂（第 2 版）	1894 年
平面三角法例題解式（トドハンター）	東京数理書院	1885 年
トドハンター球面三角法	東京数理書院	1883 年
初学微分学	数書閣	1889 年
積分学（トドハンター）	丸屋善七	1882 年
弾道数理（パーキンソン著）	数理書院	1883 年
微分方程式（ジョルジ・ブール）	丸屋善七 東京数理書院	1885 年 1885 年
初等静力学	数学協会（数書閣）	1889 年
ウーリッチ陸軍大学校数学試験問題集		
英国ホール及ナイト氏原著初学代数学	東京明法堂・大阪寶文軒	1894 年

附表 2　长泽龟之助编撰的代数学教科书（**16 本**）

书名	出版社	出版年
中等教育代数学教科书	大阪三木書店	1898 年
	開成館東京・大阪 16 版	1901 年
	開成館東京・大阪改版	1902 年
代数学精義	東京成美堂	1907 年
	東京成美堂　　再版	1907 年
	東京成美堂	1910 年
代数学新教科書女子教育	寶文館東京・大阪	1910 年
實業教育代数学教科書	寶文館東京・大阪	1909 年
	寶文館東京・大阪改定版	1912 年
實業新代数学教科書	寶文館東京・大阪	1916 年
試驗問題講義代数学之部	東京東海堂	1910 年
	東京東海堂増補版	1912 年
新代数学問題組織補習	国定教科書共同販売所	1910 年
新代数学教科書	日本書籍株式会社	1905 年
		1906 年
新代数学教科書（上、下卷）	国定教科書共同販売所	1911 年
新代数学教科書教員参考録	日本書籍株式会社	1905 年
新体代数学小教科書	東京数書閣	1901 年
新体代数学中教科書	東京数書閣	1901 年
中等代数学選題	数書閣	1897 年
研究的代数学：受驗参考自修之友	寶文館	1916 年
大正―昭和最近十一年間試驗問題講義 代数学之部	東海堂	1927 年
中等代数学選題	東京数書閣	1897 年

附表 3　长泽龟之助编撰的几何学教科书（18 本）

书名	出版社	出版年
中学幾何学初步教科書	数書閣	1893 年
		1894 年
中等教育新幾何学教科書平面	東京成美堂書店	1926 年
中等教育新幾何学教科書立体	東京成美堂書店（2 版）	1926 年
新幾何学教科書立体	郁文社（東京）・積文社	1904 年
	（大阪）・日本書籍株式会社	1904 年
	日本書籍株式会社	1905 年
	国定教科書共同販売所	1907 年
	国定教科書共同販売所	1908 年
	国定教科書共同販売所	1911 年
	国定教科書共同販売所	1914 年
新幾何学教科書平面	郁文社（東京）・積文社	1904 年
	（大阪）日本書籍株式会社	1904 年
	日本書籍株式会社	1905 年
	国定教科書共同販売所	1907 年
	国定教科書共同販売所	1908 年
	国定教科書共同販売所	1911 年
	国定教科書共同販売所	1914 年
幾何学新教科書女子教育	寶文館	1910 年
實業新幾何学教科書	寶文館	1916 年
幾何学教科書・實業教育	寶文館	1912 年
試驗問題講義幾何学之部	東京東海堂	1910、1912、1917、1926 年
幾何学階梯中等教育	大阪三木書店・東京数書閣	1896 年
幾何学精義	東京成美堂	1907 年

书名	出版社	出版年
幾何学教科書中等教育平面之部	大阪三木書店	1896 初版 1900 年第11 版
幾何学教科書中等教育立体之部	大阪三木書店	1896 年初版
	開成館	1901 年修正版
新幾何学問題組織補習	国定教科書共同販売所	1910 年
初等解析幾何学（下）	数書閣	1892 年
解析幾何学問題解	成美堂	1905 年
解析幾何学講義	東京数書閣	1899 年
研究的平面幾何学：受驗参考自修之友	寶文館	1917 年

附表 4　长泽龟之助编撰的三角学教科书（11 本）

书名	出版社	出版年
初等球面三角法	東京尚成堂	1893 年
中等教育平面三角法教科書	大阪三木書店	1899 年
三角法教科書實業教育	寶文館	1909 年
	寶文館（改定版）	1912 年
三角法精義	東京成美堂	1907 年
實業新三角法教科書	寶文館	1916 年
試驗問題講義三角法之部	東京東海堂	1910、1914、1918、1927 年
新対数表	日本書籍株式会社	1905 年
新三角法問題組織補習	国定教科書共同販売所	1909 年
新三角法教科書	日本書籍株式会社 国定教科書共同販売所	1905、1906、1911、1914 年

书名	出版社	出版年
新三角法教科書教員参考録	日本書籍株式会社	1905 年
中等教育新三角法教科書	東京成美堂書店	1925 年

附表5　长泽龟之助编撰的算术教科书（19 本）

书名	出版社	出版年
補習新算術問題組織	国定教科書共同販売所	1910 年
高等小学算術条目並教授法	大阪三木書店	1899 年
實業新算術教科書	寶文館東京・大阪	1916 年
試験問題講義算術之部	東京東海堂	1910 年
		1914 年
		1917 年
		1927 年
算術初等教科書理論及応用	尚成堂	1890 年
算術中等教科書理論及応用	数書閣	1888 年
算術教科書女子教育（上、下卷）	集成堂	1902 年
算術教科書實業教育	寶文館	1909 年
	寶文館改定版	1912 年
算術教科書中等教育（上、下卷）	大阪三木書店・東京数書	1897 年
	閣訂正 7 版	1898 年
算術教科書中等教育	大阪三木書店訂正 8 版	1899 年 1 月
	大阪三木書店訂正 14 版	1899 年 12 月
算術書中等教育	東京数書閣改題訂正 5 版，訂正 7 版	1897 年
算術書中等教育（上、下）	訂正 8 版，訂正 9 版	1898 年
中等教育算術書答及付録之部	東京数書閣	1897 年

书名	出版社	出版年
算術原理	東京成美堂·大阪集成堂	1898 年
新算術教科書	国定教科書共同販売所	1913 年
中学算術教科書（上、下冊）	東京数書閣	1893 年
算術問題：中等教育	三木書店	1898 年
算術問題詳解	郁文社	1911 年
算術問題の解き方	成美堂	1898 年
算術問題集：普通教育	三木書店	1898 年
算術集普通教育	三木書店	1898 年

附表 6　长泽龟之助编撰的数学辞典（10 本）

书名	出版社	出版年
問題解法代数学辞典	東京郁文社	1907 年
代数学小辞典	寶文館	1914 年
問題解法幾何学辞典	東京長澤氏蔵版	1907、1912 年
問題解法続幾何学辞典	東京長澤氏蔵版	1908、1912 年
解法適用数学辞書	東京郁文社	1905 年
立体幾何学·平面三角法小辞典	寶文館	1913 年
平面幾何学小辞典	寶文館	1913 年
問題解法三角法辞典	寶文館·六合館	1910、1912 年
算術小辞典	寶文館	1913 年
解法適用算術辞典	寶文館·六合館	1909 年

附表 7　汉译长泽龟之助的数学教科书（20 本）

书　名	编著者	译　者	出版社，出版年
新数学教科书	长泽	包荣爵	1905 年
新数学教科书	长泽	周达	东亚公司，1906 年
新数学教科书	长泽	周达，包荣爵	东京东亚公司、上海东亚公司，1907 年
算术问题解法	长泽	陈延杰	昌明公司，1909 年
初等代数学教科书	长泽	松坪叔子译述	湖南作民译社，1906 年
代数学教科书	长泽	言换彰	上海益群书社，1906 年
新代数学教科书	长泽	余恒	上海东亚公司，1908 年
初等代数学	史密斯著，长泽译	仇毅转，译	上海益群书社，1908 年
中等教育几何学教科书（平面）	长泽	何崇礼	科学会编译部，1906 年
新几何学教科书（平面）	长泽	周达	东京东亚公司、上海东亚公司，1906 年
中等平面几何学阶梯	长泽	崔朝庆	会文学社，1906 年
新几何学教科书（立体）	长泽	张其祥	东京东亚公司，1907 年初版，1909 年 3 版重印
平面新几何学教科书详解	长泽	文锷	保阳官书局，1908 年
普通教育平面三角教科书	长泽	张修爵	上海普及书局，1906 年初版，1907 年再版
球面三角法	长泽	包荣爵	新学会社 1907 年
新三角法教科书	长泽	包荣爵	东亚公司 1907 年

书　　名	编著者	译　者	出版社，出版年
微分积分学	长泽	马瀛	上海商务印书馆，1911初版，1914 再版
新几何学教科书（平面）	长泽	曾杰	湖南省城府正街广雅新译社
中学几何学初步教科书	长泽	萧屏	上海商务印书馆
解析几何学	长泽讲述	彭靓圭笔，译	别经琉璃厂（1908—1910）

参考文献

［1］川北朝鄰. 数学会社雑誌題解者一覧［M］. 東京：発兌書肆，1881.

［2］長澤亀之助. 試験問題講義幾何学之部［M］. 東京：東海堂，1910.

［3］長澤亀之助. 実業新幾何学教科書［M］. 東京：宝文館，1916.

［4］史密斯. 初等代数学［M］. 長澤亀之助，訳. 東京：秀英社，1888.

［5］長澤亀之助. 中等教育算術書［M］. 東京：数書閣，1896.

［6］長澤亀之助. 問題解法代数学辞典［M］. 東京：郁文社，1907.

［7］長澤亀之助. 新幾何学教科書平面［M］. 東京：宝文館，1912.

［8］長澤亀之助. 新三角法教科書［M］. 東京：成美堂，1925.

［9］長澤亀之助. 代数学精义［M］. 東京：成美堂，1907.

［10］長澤亀之助. 新代数学教科書［M］. 東京：日本書籍株式会社，1905：6.

［11］長澤亀之助. 三角法精义［M］. 東京：成美堂，1907.

［12］卡塔兰氏. 幾何学定理及問題［M］. 長澤亀之助，訳. 東京：日本書籍株式会社，1904.

［13］库氏. 新著代数学［M］. 長澤亀之助，訳. 東京：成美堂；大阪：集成堂，1901.

［14］史密斯. 初等代数学［M］. 長澤亀之助，訳. 東京：秀英社，1887：6.

［15］突氏. 中等教育平面三角法教科书［M］. 长泽龟之助，訳. 东京：开新堂，1894.

［16］突氏. 平面三角法［M］. 長澤亀之助，訳. 東京：共立社，1928.

［17］文部科学省. 中学校教则大纲（明治十四年七月二十九日文部省发第二十八号）［EB/OL］.［2018 - 03 - 23］http：//www. mext. go. jp/b＿menu/hakusho/html/others/detail/1318027. htm.

［18］柯氏. 平面三角法［M］. 長澤亀之助，訳. 東京：尚成堂，1888.

［19］ J – STAGE. 東京数学会社雑誌第 41 号［EB/OL］. https：//www. jstage. jst. go. jp/browse/ sugakukaisya1877/ – char/ja/, 1881：10 – 12.

［20］藤澤利喜太郎. 数学ニ用イル辞ノ英和対訳辞書［M］. 东京：博文社, 1899.

［21］ISAAC TODHUNTER. Plane Trigonometry for the use of colleges and schools［M］. London：macmillan and co, 1880.

［22］文部省高等学務局. 尋常中学校教科細目調査報告［R］. 东京：文部省高等学務局, 1898.

［23］長澤亀之助. 中等教育平面三角法教科書［M］. 大阪：三木書店, 1899.

［24］長澤亀之助. 新三角法教科書［M］. 東京：日本書籍株式会社, 1905.

［25］史密斯. 初等代数学［M］. 長澤亀之助, 訳. 東京：尚成堂, 1893.

［26］岩村義一. 大代数学講義并例題詳解［M］. 東京：文港堂, 1896.

［27］荒川重平, 中川将行. 幾何問題解式［M］. 東京：積玉堂, 1879.

［28］菊池大麓. 初等幾何学教科書［M］. 東京：文部省编辑局, 1888.

［29］上野清. 普通教育近世算術［M］. 東京：吉川半七, 1889.

［30］陈鼎元, 黄元吉. 中学代数学教科书（上卷）［M］. 上海：商务印书馆, 1915.

［31］長澤亀之助. チャールス・スミス小代数学補遺対数［M］. 東京：尚成堂, 1890.

［32］史密斯. スミス氏大代数学［M］. 長澤亀之助, 訳. 東京：明法堂, 1895.

［33］CHAPMAN. 方程式之理論［M］. 長澤亀之助, 宫田耀之助, 译. 東京：数書閣, 1893.

［34］チャールス? スミス. チャールス? スミス初等代数学補修全書［M］. 松岡文太郎補, 訳. 東京：共益商社, 1894：1.

［35］上野清, 訳. チャールス・スミス小代数学［M］. 東京：吉川半七, 1893：3.

［36］史密斯. 初等代数学［M］. 長澤亀之助, 訳. 東京：数書閣, 1898.

［37］HALL H S, KNIGHT S R. 初学代数学［M］. 長澤亀之助, 訳. 東京：明法堂, 1894.

［38］CHRYSTAL G. 新著代数学［M］. 長澤亀之助, 訳. 東京：成美堂, 1901.

［39］周达. 日本调查算学记［M］. 上海：中西书局, 1903.

［40］卡塔兰氏. 幾何学定理及問題［M］. 長澤亀之助, 译. 東京：国定教科書共同販売所, 1925.

［41］文部科学省. 尋常中学校ノ学科及其程度（明治十九年六月二十二日文部省令第十四号）［EB/OL］.［2018－03－25］http：//www. mext. go. jp/b_menu/hakusho/html/others/detail/1318030. htm.

［42］長澤亀之助. 中等教育幾何学教科書平面之部［M］. 大阪：三木書店；東京：数書閣，1896.

［43］長澤亀之助. 中等教育幾何学教科書立体之部［M］. 大阪：三木書店；東京：数書閣，1896.

［44］長澤亀之助. 新幾何学教科書平面［M］. 東京：日本書籍株式会社，1904.

［45］長澤亀之助. 実業教育幾何学教科書［M］. 東京：宝文館，1908.

［46］長澤亀之助. 実業教育幾何学教科書［M］. 東京：宝文馆，1912.

［47］長澤亀之助. 中学幾何学初步［M］. 東京：数書閣，1893.

［48］菊池大麓. 幾何学小教科書平面幾何学［M］. 東京：大日本国書株式会社，1906.

［49］長澤亀之助. 算術中等教科書理論及応用［M］. 東京：数書閣，1888.

［50］長澤亀之助. 中学算術教科書（上）［M］. 東京：数書閣，1893.

［51］長澤亀之助. 女子教育算術教科書［M］. 大阪：集成堂，1902.

［52］長澤亀之助. 実業新代数学教科書［M］. 東京：宝文館，1916.

［53］文部省高等学務局. 尋常中学校教科細目調査報告［R］. 东京：文部省高等学务局，1898.

［54］長澤亀之助. 幾何学精义［M］. 東京：成美堂，1907.

［55］長澤亀之助. 牛董氏の伝［M］. 東京：数書閣，1892.

［56］長澤亀之助. 新幾何学教科書平面［M］. 東京：国定教科書共同販売所，1911.

［57］长泽龟之助. 中学适用代数学教科书［M］. 言焕彭，言焕彰，译. 上海：上海群益书社，1909.

［58］长泽龟之助. 中学几何学初步教科书［M］. 萧屏，译. 上海：商务印书馆，1912.

［59］长泽龟之助. 题解重心代数学辞典［M］. 薛德炯，吴载耀，译. 上海：上海科学技术出版社，1959.

［60］长泽龟之助. 三角法辞典［M］. 薛德炯，吴载耀，译. 香港：新亚书店，1951.

［61］長澤亀之助. 解法适用数学辞书［M］. 東京：郁文社，1905.

［62］長澤亀之助. 問題解法幾何学辞典［M］. 東京：長澤氏蔵版，1907.

［63］小倉金之助. 明治時代の数学：日本における近代数学の成立過程
［M］//国民学術協会. 学術の日本. 東京：中央公論社，1942.

［64］萨日娜. 清末中国と明治期の日本における西洋数学の受容：両国間の文
化と教育における交流を中心に［D］. 東京：東京大学大学院総合文化研
究科，2008.

［65］丘成桐. 从明治维新到二战前后中日数学人才培养之比较［J］. 高等数学
研究，2010，13（2）：2–7.

［66］佐藤英二. 高等女学校用の数学の出現とその変化：中学校用教科書との
比較検討［J］. 東京大学大学院教育学研究科紀要，1999，39：393–401.

［67］丘成桐. 清末与明治维新时期数学人才引进之比较［J］，西北大学学报：
自然科学版，2009，39（5）：722–725.

［68］清水達雄. 長澤亀之助：明治期の数学の伝播者［J］. 数学セミナー，
1988，27（3）：56–60.

［69］井上義夫. 1世紀前の数学の現代化と数学書の横書き：長澤亀之助先生
のこと［J］. 日本数学教育学会誌，1975，57（6）：75.

［70］冯立昇. 中日数学关系史［M］. 济南：山东教育出版社，2009.

［71］冯立昇. 周达与中日数学交往［J］. 自然辩证法通讯，2002，24
（1）：68–71.

［72］代钦. 数学教育与数学文化［M］. 呼和浩特：内蒙古教育出版社，2013.

［73］李春兰，代钦. 长泽龟之助对中国近现代数学教育的贡献［J］. 数学教育
学报，2014（2）：49–52.

［74］闫晓民. 《代数学辞典》中译本研究［D］. 呼和浩特：内蒙古师范大
学，2012.

［75］日本の数学100年史編集委員会. 日本の数学100年史（上）［M］. 東京：
岩波書店，1983.

［76］小松醇郎. 幕末・明治初期数学者群像（下）　［M］. 京都：吉岡書
店，1990.

［77］伊達文治. 数学教育における文化的価値に関する研究：日本の数学教育
が形をなす時代について［J］. 数学教育学研究，全国数学教育学会誌，
2009，15（2）：115–127.

［78］伊達文治. 数学教育における文化的価値に関する研究：西洋数学受容に
よる数量概念の変容について［J］. 数学教育学研究，全国数学教育学会

誌，2011，17（1）：17－33.

［79］田中伸明，上恒渉. 明治後期における中等学校数学教科書の様相［J］. 三重大学教育学部研究紀要，2015，66：309－324.

［80］公田藏. 明治前期の日本において教えられ、学ばられた幾何［J］. 数学解析研究所讲究录，2006，1513：188－203.

［81］国次太郎. 我が国の数学教育について：数学教育史外観［J］. 広島経済大学研究論集，2008，31（1）：1－10.

［82］安藤洋美. 日本における確率論史［J］. 桃山学院大学経済経営論集，2010，51（3/4）：391－422.

［83］安藤洋美. 明治数学史の基礎工事［J］. 桃山学院大学人間科学，2000，19：1－90.

［84］安藤洋美. Issac todhunter について［J］. 総合研究所報，1981，7（1）：23－31.

［85］中塚利直. プロバビリテーの訳語の歴史［J］. 経営と制度，2008，6（1）：65－87.

［86］山口清. 藤澤利喜太郎"数学二用イル辞ノ英和対訳辞書"について［J］. 九州産業大学国際文化学部紀要，1998，11：115－134.

［87］魏庚人，李俊秀，高希尧. 中国中学数学教育史［M］. 北京：人民教育出版社，1989.

［88］陈婷. 20世纪我国初中几何教科书编写的沿革与发展［D］. 重庆：西南大学，2008.

［89］毕苑. 汉译日本教科书与中国近代新教育的建立［J］. 南京大学学报，2008（3）：92－105.

［90］李春兰. 中国中小学数学教育思想史研究［D］. 呼和浩特：内蒙古师范大学，2010.

［91］张伟. 中国近代中学代数学教科书发展史研究［D］. 呼和浩特：内蒙古师范大学，2011.

［92］吴小鸥. 晚清留日学生与中国现代教科书发展［J］. 高等教育研究，2011，32（5）：89－96.

［93］代钦. 王国维与我国近代数学教育［J］. 内蒙古师范大学学报教科版，2006，19（5）：70－72.

［94］李春兰，代钦. 藤泽利喜太郎及其对中国数学教育的影响［J］. 数学教育学报，2009，18（3）：66－69.

[95] 佐藤英二. 菊池大麓の数学教育構想 [J]. 数学教育史研究，2004 (4)：30 – 34.

[96] 公田藏. 藤澤利喜太郎の数学教育思想：数学史の研究 [J]. 数理解析研究所講究録，2009，1625 (1)：254 – 268.

[97] 矢島敬二. 19世紀末における藤澤利喜太郎の算術教育論：科学史入門 [J]. 科学史研究：第Ⅲ期，2004，43 (232)：243 – 246.

[98] 上野健爾. 日本の数学の流れ (4) 藤澤利喜太郎 [J]. 数学のたのしみ，2005 (春)：118 – 125.

[99] 三上義夫. 川北朝鄰小伝 [M]. 神奈川：港栄社印刷所，1941：1 – 18.

[100] 小倉金之助. 日本教育史：一つの文化形態に関する歴史的研究 [M]. 東京：岩波書店，1932.

[101] 张伟. 查理斯密小代数学在中国的流传与影响 [J]. 兰台世界，2011，10：5.

[102] 財団法人日本私学教育研究所. 明治初期における東京数学会社の訳語会の記事 [M]. 东京：日本私学教育研究所，1999.

[103] 正田良. 明治四十年頃の幾何教科書とその証明範例 [J]. 青山学院大学教育学会紀要：教育研究，2004 (48)：97.

[104] 实藤秀惠. 中国人留学日本史 [M]. 谭汝谦，林启彦，译. 北京：三联书店，1983.

[105] 闫晓民. 《代数学辞典》中译本初探 [J]. 山西大同大学学报：自然科学版，2012，28 (2)：96.

[106] 陈克胜，郭世荣. 中国第一部近代学堂所用的综合科学用表：《算表合璧》 [J]. 中国科技史杂志，2012，33 (1)：11 – 21.

后　记

因为这是本人的第一部专著，在拙著即将付梓之际，心里的喜悦之情自不必说。但是由于本人能力有限，再加上忙于家事和工作，对于其中个别内容没有时间做更深入的探讨，至今仍然耿耿于怀。长泽龟之助作为一名民间数学教育家，在日本数学教育和西方接轨的重要时期，对于日本数学教育的主要贡献在于翻译引进并改编了大量西方数学教科书，为日本数学教育提供了有用的教材，并得到了社会的认可。而本书在厘清长泽编译的主要数学著作的同时，试图从翻译史的角度，对于长泽的翻译工作进行重点论述，以探讨长泽在数学翻译过程中对于日本及其中国数学术语统一所做的工作。但是由于史料不足、例证较少，这一问题还需进一步深入研究。

本书用大幅篇章整理了长泽编译的三角学、代数学、几何学教科书，而且对于长泽的数学翻译工作也进行了深入解读，给日本数学史和中日数学翻译史研究提供了有用参考。但是由于时间久远、资料所限，对于长泽和中国及西方数学家的翻译交流却没有详细论述。特别是长泽和中国数学家的翻译交流有助于深入了解当时的中国数学教育和教科书状况。所以在今后的工作中，我将继续关注并致力于中日数学翻译史问题的研究。也希望同行能够就其中的问题提出宝贵意见，以督促我更深地挖掘史料，进行论述。

本书的成功出版得到了内蒙古师范大学 2016 年度高层次人才科研启动经费项目（2016YJRC015）、内蒙古师范大学 2015 年度研究生科研创新基金项目（CXJJB15003）、内蒙古自治区 2015 年博士研究生科研创新项目（B20151013501Z）的支持，同时，离不开我的导师内蒙古师范大学科学技术史研究院罗见今教授的悉心指导，在此特别表示感谢。同时感谢内蒙古师范大学的郭世荣教授、代钦教授，清华大学的冯立昇教授，东华大学的徐泽林教授，上海交通大学的萨日娜博士对本书提出的宝贵建议。感谢日本的小林龙彦教授，首都师范大学的白欣教授，内蒙古师范大学的董杰博士，以及科学技术文献出版社的丁坤善编辑对本书出版的大力协助。

徐喜平
2018 年 7 月 23 日于呼和浩特